Levin Georg Karl Wilhelm Wintzingeroda-Knorr

Die Kämpfe und Leiden der Evangelischen auf dem Eichsfeld

Levin Georg Karl Wilhelm Wintzingeroda-Knorr

Die Kämpfe und Leiden der Evangelischen auf dem Eichsfeld

ISBN/EAN: 9783743664456

Hergestellt in Europa, USA, Kanada, Australien, Japan

Cover: Foto ©ninafisch / pixelio.de

Weitere Bücher finden Sie auf **www.hansebooks.com**

Nr. 36. Preis: Mk. 1,20.

Schriften
des
Vereins für Reformationsgeschichte.
Neunter Jahrgang. Drittes Stück.

Die Kämpfe und Leiden
der
Evangelischen auf dem Eichsfelde

während dreier Jahrhunderte.

Heft I.
Reformation und Gegenreformation
bis zu dem Tode des Kurfürsten Daniel von Mainz
(21. März 1582).

Von

Levin Freih. von Wintzingeroda-Knorr.

Halle 1892.
In Commissionsverlag von Max Niemeyer.

Kiel,   Quakenbrück,
Jul. Ernst Homann,   Edm. Eckhardt,
Pfleger für Schleswig=Holstein.   Pfleger für Hannover u. Oldenburg.

Stuttgart,
G. Pregizer,
Pfleger für Württemberg.

An unsere Mitglieder!

Wir erlauben uns folgendes in Erinnerung zu bringen:

Die **Beiträge** sind im April jedes Jahres pränumerando zu entrichten und müssen dieselben franco an die betreffenden Herren Pfleger und nur, wenn ein solcher nicht da ist, an unsern Schatzmeister, Herrn Verlagsbuchhändler Max Niemeyer in Halle a. S. abgeführt werden.

Wohnungsveränderungen sind stets sofort unserm Schatz=meister anzuzeigen. Bei Zahlungen von dem neuen Wohnort aus ist der frühere anzugeben. Für Unregelmäßigkeiten, die durch Unterlassung dieser Angabe entstehen, ist unser Schatzmeister nicht verantwortlich.

Bestellungen auf Schriften ist stets der Betrag des Ge=wünschten beizufügen. Die einzelne Schrift wird dem Vereins=mitglied, aber nur diesem, mit Mk. 1,20 franco geliefert — 4 Stück nach Wahl für 3 Mk. — Das Stück der Volksschriften kostet franco 15 Pf., werden 10 Stück oder mehr nach Wahl entnommen, so wird das Stück mit 10 Pf. berechnet.

Halle a. S. 1892.

Der Vorstand.

Satzungen
des Vereins für Reformationsgeschichte.

— ·· —

§ 1. Der Verein hat zum Zweck, die Resultate gesicherter Forschung ü die Entstehung unserer evangelischen Kirche, über die Persönlichkeiten und Tl sachen der Reformation und über ihre Wirkungen auf allen Gebieten des Vo lebens dem größeren Publikum zugänglicher zu machen, um das evangelische wußtsein durch unmittelbare Einführung in die Geschichte unserer Kirche zu befesti und zu stärken.

§ 2. Diesen Zweck sucht der Verein durch Herstellung und Verbreitung ¹ Publikationen, namentlich und zunächst durch Herausgabe kleinerer in abgeschlossener historischer Schriften zu erreichen, die durch gemeinverständliche ¹ ansprechende Darstellung und mäßigen Preis zur Verbreitung in weiteren Kre geeignet sein sollen. Jährlich soll eine Anzahl größerer oder kleinerer Hefte freier Reihenfolge erscheinen.

§ 3. Die Mitgliedschaft verpflichtet zu einem jährlichen Beitrag ¹ mindestens 3 Mark, wofür die Schriften des Vereins unentgeltlich ¹ liefert werden. Freiwillige höhere Beiträge sind erwünscht. An= und Abmeldu der Mitglieder erfolgt bei einem der Pfleger oder beim Schatzmeister. Der Austr kann jedoch nur am Schlusse des Jahres erfolgen.

Die Kämpfe und Leiden

der

Evangelischen auf dem Eichsfelde

während dreier Jahrhunderte.

Heft I.

Reformation und Gegenreformation

bis zu dem Tode des Kurfürsten Daniel von Mainz
(21. März 1582).

Von

Levin Freih. von Wintzingeroda-Knorr.

Halle 1892.
Verein für Reformationsgeschichte.

Vorwort.

Nach dem Vorgange der ultramontanen Presse, welche stets von dem „katholischen" Eichsfelde spricht, hat man sich nicht nur in anderen periodischen Blättern an den Gebrauch dieser Bezeichnung gewöhnt, sondern ist so ziemlich überall — mit Ausnahme des Eichsfeldes selbst — zu der Annahme gelangt, daß das Eichsfeld lediglich von Katholiken bewohnt sei. Die nachstehenden Blätter, deren Inhalt zu einem guten Teile aus bisher unbenutzten Familienarchiven geschöpft ist, werden das Irrige jener Annahme darlegen. Es wird sich nicht allein zeigen, daß der bei weitem größte Teil der Bewohner des Ländchens sich fast ein Jahrhundert lang mit großer Treue zum evangelischen Glauben bekannt hat, und daß die Vorfahren eines großen Teiles der sich jetzt so sehr ihrer Katholizität rühmenden Eichsfelder nur durch harten Zwang, zumeist durch den schweren Druck während der ersten Jahre des dreißigjährigen Krieges, in den Schoß der alleinseligmachenden Kirche geführt worden sind und sich wider ihren Willen unter das Joch des römischen Klerus gebeugt haben; sondern es wird sich auch ergeben, daß trotz der unablässigen Bemühungen der Kurmainzischen Regierung und der römischen Geistlichkeit, besonders der Jesuiten, es nicht gelungen ist, die evangelische Kirche aus dem Besitzstande zu verdrängen, welchen sie sich, aller Anfeindungen ungeachtet, am 1. Januar 1624 zu erhalten gewußt hatte, und in welchem sie von dem katholischen Landesherrn nur sehr widerwillig geduldet wurde.

Der Unterzeichnete kann diese Blätter nicht aus der Hand ohne auch an dieser Stelle den Herren, welche ihm in freundlichster Weise das Material für die nachfolgende Darstellung zur Verfügung gestellt haben, seinen verbindlichsten Dank auszusprechen. Vor allem ist es ihm eine besonders angenehme Pflicht, der überaus gütigen Mitwirkung dankend zu gedenken, welche ihm Herr Professor Dr. von Kluckhohn zu Göttingen bei Abfassung dieser Arbeit in ausgiebigster Weise hat zu Teil werden lassen.

Wehnde im Eichsfelde im Februar 1892.

Wintzingeroda=Knorr.

Inhalts-Verzeichnis.

Einleitung.

In dem Landstriche an den Quellen der Leine und Unstrut, auf dem die Grenzen der Franken, Sachsen und Thüringer zusammenstießen, hatte das Erzstift Mainz nach dem Sturze des großen Sachsen-Herzogs Heinrich's des Löwen, bis in das 14. Jahrhundert hinein, zahlreiche kleine Gebiete, teils eigentümlich, durch Kauf, Schenkung und auf andere Weise, teils als Pfandgüter erworben. Diese Gebiete bezeichneten die Kurfürsten von Mainz als „unsere Lande auf dem Eichsfelde".

Erst gegen Ende des 15. Jahrhunderts suchten die Kurfürsten von Mainz eine engere Verbindung dieser Gebietsteile unter einander anzubahnen. Sie blieb aber noch lange eine ziemlich lose, so daß von einer einheitlichen Verwaltung des Eichsfelds zu Anfang des 16. Jahrhunderts nicht die Rede sein konnte.

Die den Kurfürsten von Mainz innerhalb der gedachten Landstriche zustehenden Rechte nahm deren Amtmann zu Schloß Rusteberg — der ältesten Mainzischen Besitzung auf dem Eichsfelde — wahr. Die Befugnisse des Amtmanns waren aber, weder seinem Herren, noch denen gegenüber, welche der Kurfürst als seine Unterthanen betrachtete, genau begrenzt. Wie sich der eine oder der andere Amtmann nicht immer als gehorsamer Diener des Kurfürsten erwies, so standen neben dem Amtmanne des Rustebergs die Pfandinhaber der übrigen Kurmainzischen Schlösser: Bischofsstein, Giboldehausen, Gleichenstein, Harburg, Lindau und Scharfenstein, sowie diejenigen Herren sehr selbständig da, welche andere feste Plätze, wie das Schloß Hanstein, Besenhausen, Berlingerode, Breitenholz Hauterode (Wüstheuterode), Rüdigershagen, Waldesa (Wahlhausen) und Andere, zum größten Teile von Mainz,

1

entlassen, noch formell zu.[2]) Seitdem aber die Strafbefugnisse
der Archidiakone gegen die ihnen unterstellten Geistlichen wesent=
lich herabgemindert worden waren, und seitdem ihnen verboten
war, für die Investitur der Geistlichen Gebühren für sich zu er=
heben, ging den Archidiakonen das Interesse, von der Eröffnung und
Wiederbesetzung der Pfarreien, und von dem Wechsel in der Person
der Kuraten Kenntnis zu erhalten, mehr und mehr verloren. In
ihrer bevorzugten Stellung, ja in ihrer Existenz von dem Erz=
bischofe bedroht, waren die Archidiakone, um sich in ihrem Wider=
stande gegen die erzbischöfliche Gewalt auf die ihnen unterstellten,
meist sehr gering besoldeten Pfarrer und Kuraten stützen zu können,
genötigt, diesen gar Manches nachzusehen. Die Kommissarien,
welche die Erzbischöfe, sei es ein für alle Mal, sei es für besondere
Zwecke — jedoch fast stets für einen nicht nur das Eichsfeld,
sondern auch andere Gebiete umfassenden Bezirk — mit der
Wahrnehmung gewisser erzbischöflicher Rechte beauftragten, waren
bei der Größe ihrer Bezirke und bei ihren übrigen Obliegenheiten
außer Stande, sich über die Erledigung und Neubesetzung einer
jeden Pfarrstelle, über die Führung eines jeden Pfarrers genaue
Kenntnis zu verschaffen. Wir dürfen annehmen, daß sie bei der
Unbestimmtheit ihrer Befugnisse bis zur Mitte des 16. Jahr=
hunderts nur ganz ausnahmsweise das Recht, die von den Patronen
bestellten Pfarrherrn zu bestätigen, den Archidiakonen und den
Patronen gegenüber, in Anspruch genommen haben. Uebrigens
war die Anstellung und Einführung der Pfarrherrn zu jener
Zeit, ebensowenig wie deren Entlassung, an alle die Formen ge=
knüpft, die man demnächst hierzu für erforderlich erachtete. Am
formlosesten vollzog sich wohl die Besetzung der Pfarrstellen an
solchen Orten, über welche Klöster und Stifte Patronatsrechte
übten.

Trotz aller Verbote der Kirche genügte in diesen Fällen an=
scheinend zumeist die Entsendung der neubestellten Pfarrherrn an
den betreffenden Ort durch den Probst oder Abt. Schriftlich
wurde über die Anstellung solcher Pfarrherrn von den Klöstern
wohl niemals verhandelt, es hat sich bis jetzt nicht eine einzige
Urkunde gefunden, welche die Verleihung eine der vielen Pfarreien
nachweist, über die das Patronat einem der Eichsfelder Klöster

ober Stifte zuſtand, und ebenſowenig giebt irgend eine Urkunde
Nachricht über die Beſtätigung eines von einem Kloſter oder
von einem Stift ernannten Pfarrherrn durch den zuſtändigen
Archidiakon, beziehungsweiſe deſſen Offizial oder durch den erz=
biſchöflichen Kommiſſar. [3])

Diejenigen Pfarrherrn, welche von weltlichen Patronen be=
rufen waren, erhielten zumeiſt, aber nicht immer, einen Lehnbrief
des Patrons über die mit der Pfarrei verbundenen Liegenſchaften
und Gefälle, ſtellten einen Lehnrevers aus und ſetzten ſich in den
Beſitz der Pfarrei. Die Beſtätigung der Pfarrherrn, welche eigent=
lich durch die Archidiakone, beziehungsweiſe deren Offiziale, oder
durch den erzbiſchöflichen Kommiſſar hätte bewirkt werden ſollen,
ſcheint nur in ſeltenen Fällen erfolgt zu ſein. Es dürfte Regel
geweſen ſein, daß — wie auch ſpäter von ſämtlichen weltlichen
Patronen des Eichsfelds behauptet wurde — die Anſtellung und
der Abgang der Pfarrherrn ohne jede erkennbare Mitwirkung
der geiſtlichen Oberen erfolgte. [4])

Bei der durch den Widerſtand der Archidiakone gegen ihre
Beiſeiteſchiebung hervorgerufenen mangelhaften Aufſicht über die
Pfarrherrn und bei der Unbeſtimmtheit der Befugniſſe der erz=
biſchöflichen Kommiſſarien war es, wie der Jeſuit Johannes Wolf
klagt [5]), „kein Wunder, wenn bei der übergroßen Menge von
Prieſtern nicht alle Beruf und Anlagen zum geiſtlichen Stande
hatten und ſolche nach geleſener Meſſe, anſtatt den Tag mit
Leſen, Schreiben, Beten und Betrachtungen zuzubringen, ſich dem
Müßiggange, Spielen, Trinken und anderen Ausſchweifungen er=
gaben.“ — Dieſe Schilderung des Zuſtandes der Eichsfeldiſchen
Geiſtlichkeit im Beginn des 16. Jahrhunderts, ſo ſcharf ſie auch
erſcheint, legt doch die Verkommenheit des Klerus nicht in dem
Maße dar, wie die Quellen, auf die ſie ſich gründet. Nach dieſen [6])
befanden ſich unter den Geiſtlichen, ſo übergroß ihre Anzahl auch
war, nur wenig Gebildete, nur wenig Sittenreine. Von der
Mehrzahl der Geiſtlichen geſchah nichts für die Seelſorge der
ihnen anvertrauten Gemeinden. Nicht einzelne, ſondern die meiſten
Kuraten „waren ſo unwiſſend, daß ſie die ihnen anvertrauten
Gemeinden weder durch Rede, noch durch Beiſpiel zu erbauen
vermochten, und zur Verwaltung der Sakramente, zur Verkün=

digung des Wortes Gottes ganz untauglich waren." Mit einer
solchen Unwissenheit paarte sich eine ebensogroße Sittenlosigkeit.
Die durch das Gebot der römischen Kirche zur Ehelosigkeit ver=
anlaßten Kleriker lebten ohne Scheu mit ihren Konkubinen und
Dirnen, zum Teil samt deren Kindern, in den Pfarrhäusern bei
einander. Neben diesen Geistlichen befand sich eine mindestens
ebensogroße Anzahl Domherrn, Präbendaten, Vikare, Mönche und
Nonnen in den Stiften zu Dorla, Heiligenstadt und Nörten, so
wie in den Klöstern des Eichsfelds, in welchen es vor Beginn
der Reformation „mag man die Ökonomie oder die Zucht be=
trachten, erbärmlich aussah". [7] Trotz der großen Einkünfte,
welche die höhere Geistlichkeit aus ihrem weit ausgedehnten Grund=
besitze zog, war dieselbe stets geldbedürftig. Die Klöster waren,
ungeachtet ihrer durchweg sehr reichen Ausstattung, sowie der
beträchtlichen Zuwendungen, die sie im Laufe der Zeit erhalten,
„verarmt und verschuldet, so daß nur Wenige darin leben konnten". [8]
Fort und fort trat der Klerus mit erneuten Geldforderungen an
die Gläubigen heran. Die Terminir=Bezirke der Klöster des
Prediger=Ordens zu Eisenach, Göttingen und Mühlhausen er=
streckten sich über das Eichsfeld, [9] das trotzdem von den Mönchen
anderer Bettelorden nicht vollständig verschont geblieben sein wird.
Nicht nur der gerade im Erzbistum Mainz in großer Blüte
stehende Ablaßhandel, sondern auch die von den Erzbischöfen den
verarmten Klöstern erteilten Erlaubnisse zur Veranstalung von
Geldsammlungen [10] zogen das baare Geld aus den Taschen der
Bürger, des Landmannes.

Wie fast in allen Gegenden unseres Vaterlandes, war auch
auf dem Eichsfelbe die höhere Bildung nicht mehr Alleineigentum
der Geistlichkeit, welche früher deren Hüterin gewesen. Je mehr
der Klerus in Müßiggang und Sittenlosigkeit versank, desto reger
wurde, nicht allein unter den meist recht wohlhabenden Bürgern
der Städte, sondern auch unter den Bewohnern des platten Lan=
des, das Streben nach umfassendem Wissen. Dieses Streben führte
eine Menge Eichsfelder nach der nächstgelegenen Stätte höherer
Bildung, nach der Erfurter Universität, die von jeher einen be=
trächtlichen Zuzug aus dem Eichsfelde erhalten hatte. In die
Erfurter Universitäts=Matrikel wurden während der Zeit von

Michaelis 1499 bis dahin 1519 nicht weniger als 59 Personen eingetragen, welche nachweislich aus dem damals noch recht dünn bevölkerten Eichsfelde stammten, und zwar 33 aus Duderstadt, 16 aus Heiligenstadt, 4 vom Schlosse Hanstein, je 2 aus den Schlössern Deuna und Rusteberg, je eine aus Dingelstedt und Worbis. [11]) Alle diese Studierende, welche zum Teil mit Luther selbst bekannt geworden sein werden, sind unzweifelhaft den humanistischen und reformatorischen Anschauungen, der Eine mehr, der Andere weniger, näher getreten. Einige der Eichsfelder, welche zu jener Zeit die Erfurter Universität besuchten, zeigten sich später als Anhänger und Beförderer der Reformation (S. 16. 19. 20.). Mögen aber auch jene auf der Erfurter Universität studierenden Eichsfelder noch so wenig günstige Meinungen über die von den Reformatoren, vor Allen von Luther, vorgetragenen Lehren mit in die Heimat zurückgebracht haben, jedenfalls hatte der größere Teil derselben so viele Kenntnisse erworben, um die Unwissenheit des Klerus, um die Schäden der Kirche erkennen zu können, und bei Vielen wird der Wunsch nach Beseitigung dieser Schäden rege geworden sein.

Nicht nur bei den Gebildeten, sondern bei Jedermann, bei dem Bauer, bei dem Bürger, bei dem Abligen, ja bei dem besseren Teile der Geistlichkeit, mußte es Aergernis erregen, wenn viele Seelsorger ein wüstes und liederliches Leben führten. Es konnte Niemandem entgehen, daß die Menge der Diener der Kirche eine übergroße war, und daß während ein Teil derselben, der Lehre des Sohnes Gottes zuwider, den weltlichen Besitz der Kirche fort und fort mehrte, und dessen reiche Erträge nicht mehr zu Werken der christlichen Liebe, sondern zu selbstsüchtigen Zwecken verwandte, ein anderer Teil der Geistlichkeit — die Kuraten — in großer Dürftigkeit lebte.

Mag auch in anderen Gegenden unseres Vaterlandes die Zahl der Geistlichen und die Unwissenheit, die Habsucht und Liederlichkeit vieler unter ihnen zu Beginn des 16. Jahrhunderts eine ebenso große, ja vielleicht eine noch größere, als auf dem Eichsfelde gewesen sein, so sind hier, in einem armen Landstriche, diese Uebelstände, besonders die fortwährenden Geldforderungen des

Klerus, sicher schwerer empfunden worden, als an anderen, reicheren, von der Natur mehr begünstigten Orten unseres Vaterlandes.

Man wird daher nicht nach weiteren Gründen zu suchen brauchen, weshalb die von den Reformatoren gestellte Forderung „auf Besserung des geistlichen Standes" auf dem unter der Regierung eines geistlichen Fürsten stehenden Eichsfelde mit Freuden begrüßt, weshalb die Lehren der Reformatoren unter allen Ständen des Ländchens schnell und allgemein zahlreiche Anhänger fanden.

I. Beginn und Verbreitung der Reformation bis zum Jahre 1574.

In den das Eichsfeld umgebenden Gebieten — Honstein, Schwarzburg, den Reichsstädten Mühlhausen und Nordhausen, Plesse[1]), Braunschweig, vor allen in Kursachsen und Hessen — hatte die Reformation, teils von den Regenten begünstigt, teils wider deren Willen längst Eingang gefunden, bevor die förmliche Einführung der evangelischen Lehre, die Gründung der evangelischen Kirche, erfolgte. Diese Vorgänge konnten nicht ohne Einwirkung auf das Eichsfeld bleiben, da dasselbe mit jenen Gebieten, gerade in kirchlicher Beziehung, in engster Verbindung stand. Sämtliche Nachbargebiete gehörten, ebenso wie das Eichsfeld, dem erzbischöflichen Sprengel von Mainz an, und die drei sich über das Eichsfeld erstreckenden Archidiakonate zu Dorla (Langensalza[2])), Heiligenstadt und Nörten, umfaßten weite Strecken der Braunschweigischen, Hessischen und Sächsischen Lande.[3]) Schon sehr früh durchzogen Prediger diese letzt genannten Gebiete von Ort zu Ort,[4]) bald lediglich das Evangelium verkündend, bald die kirchlichen und sozialen Mißstände scharf angreifend und, unter Berufung auf mehr oder weniger passende Bibelstellen, die Abstellung jener Mißstände fordernd. Diese Prädikanten haben nicht an den Grenzen des Eichsfelds Halt gemacht, sondern sich unzweifelhaft über dieselben hinaus gewagt, waren doch auch auf dem Eichsfelde selbst solche Prediger aufgestanden und hatten, bei dem einer Reform so dringend bedürftigen Zustande der Geistlichkeit des Ländchens, zahlreiche Anhänger gefunden. Unter diesen Prädikanten, die schon während der ersten Jahre der reformatorischen Bewegung auf dem Eichsfelde ihr Wesen trieben, ist nur einer, Heinrich Pfeiffer, der spätere Genosse Münzers, in weiteren Kreisen bekannt. Pfeiffer zu Mühlhausen geboren,[5] war in dem Eichsfelder Kloster Reifenstein[6] Mönch geworden, hatte sich aber daselbst keiner besonderen Beliebtheit zu erfreuen, denn er galt nach dem späteren Zeugnisse eines Bediensteten jenes Klosters für dessen „schlimmsten Mönch". Schon im Jahre 1521 verließ er Reifenstein, fand bei einem der Pfandbesitzer des Schlosses Scharfenstein, Hans von Entzenberg[7] Unterkunft und Schutz und vertrat bei demselben die Stelle eines „Kaplans", nach anderen Nachrichten die eines „Kochs und Kellers". Daneben predigte er in den dem Schlosse, sowie seinem früheren Kloster benachbarten Orten „auf Lutherisch". Mit einer hinreißenden Beredsamkeit begabt, erwarb er sich schnell einen großen Anhang. „Es ist ein neuer Prediger aufgestanden, der predigt die Wahrheit", so hieß es von ihm, und weit und breit strömte man herbei, um seine Predigten zu hören. In denselben eiferte er zwar auf das heftigste gegen Papst und Klerus, gegen Mönche und Nonnen (letztere wären, so rief er „Teufelsgesinde, alles was sie hätten, wäre armer Leute Schweiß und Blut"), aber er griff die weltlichen Behörden nicht an. — Pfeiffers reformatorische Thätigkeit erregte die Aufmerksamkeit der oberen Geistlichkeit, und letztere forderte von Entzenberg die Ausantwortung seines Schützlings. Dieser Aufforderung leistete Entzenberg keine Folge und ließ Pfeiffer erst zu Beginn des Jahres 1523 von sich aus Scharfenstein, nachdem die kurfürstlichen aufs Eichsfeld verordneten Räte[8] auf dessen Entfernung aus dem kurfürstlichen Schlosse gedrungen. Der Versuch, Pfeiffer gefänglich einzuziehen, schlug fehl, da es demselben gelang, begleitet von einer Anzahl seiner Anhänger, unter denen besonders vier Brüder aus Worbis erwähnt werden, nach seiner Vaterstadt zu entkommen. Die Vertreibung Pfeiffers vom Eichsfelde hatte keineswegs den von der katholischen Geistlichkeit erhofften Erfolg; die reformatorischen Ideen waren durch Pfeiffer und andere Prädikanten in das Schloß des Adligen, das Haus des Bürgers, die Hütte des Bauern gedrungen und hatten überall feste Wurzel geschlagen. Ja Pfeiffer behielt auch nach seiner Vertreibung einen gewissen Einfluß auf einen Teil seiner bisherigen Anhänger, obwohl seine Ansichten gegen Ende des Jahres (1523)

eine große Veränderung erfuhren. Pfeiffer hatte während seines
Aufenthaltes auf dem Schlosse Scharfenstein und bis zu seiner
ersten am 24. April 1523 erfolgten Verjagung aus Mühlhausen[9]
„Lutherisch" gepredigt. Als er aber Ende Dezember des gedachten
Jahres wieder nach der genannten Stadt[10] zurückkehrte, vertrat
er völlig die Ansichten Thomas Münzers und die Anschauungen
der Wiedertäufer. In seinen Predigten wandte er sich nicht mehr
allein gegen die offenbaren Mißstände in der katholischen Kirche,
er richtete seine Angriffe gegen jede geistliche und weltliche Obrigkeit, verwarf die Autorität der heiligen Schrift und wollte „Mord,
Aufruhr, Veränderung der Obrigkeit einführen und aus dem
geistlichen Reiche Christi gar ein weltliches Reich machen, das
nicht mit Gottes Wort, sondern mit Schwert und Gewalt regiert."[11]
Diese sozial=politische agitatorische Thätigkeit Pfeiffers, welche seine
zweite Vertreibung aus Mühlhausen (27. September 1524) herbeiführte[12], blieb nicht ohne Einwirkung auf die Bewohner des
Eichsfeldes, die seine Vorträge in Mühlhausen so zahlreich besuchten, daß Kurfürst Albrecht von Mainz seinen Unterthanen
verbieten ließ, nach Mühlhausen zu gehen, oder irgend welche
Verbindung mit dieser Stadt zu unterhalten.[13] Die Landbevöl-
kerung weigerte sich (September 1524) dem Martinstifte zu Heiligenstadt, sowie den Klöstern Annerode und Zella (Fridaspring)
die schuldigen Zinsen und Renten zu entrichten. In Stadt Worbis
wo die Erregung einen besonders hohen Grad erreicht zu haben
scheint, „stürmte" man einen Priester; die deshalb gefänglich ein-
gezogenen Uebelthäter wurden von einer Anzahl Bürger gewaltsam befreit und flohen mit diesen, etwa 25 an der Zahl, nach
Mühlhausen.[14] Wir werden daher kaum in der Annahme irren,
daß unter den von Pfeiffer geleiteten aufrührerischen Haufen, die
in den ersten Tagen des Mai 1525 von Mühlhausen aus nach
dem Eichsfelde zogen, sich eine nicht kleine Anzahl Eichsfelder
befanden. Dieser Zug der Aufrührer, den die bei Dingelstädt
sich sammelnden Abligen[15] nicht aufzuhalten vermochten, hat so
kurze Zeit er dauerte, und trotz der schnellen Unterdrückung des
Aufruhrs durch die Fürsten von Braunschweig, Hessen und Sachsen
(15. Mai), die weitere Verbreitung der Reformation auf dem
Eichsfelde, wenn auch nur für kurze Zeit, gehemmt. Sämtliche

Klöster des Eichsfeldes, die kurfürstlichen Schlösser — auch Scharfen=
stein, wo Pfeiffer noch kurz zuvor Schutz vor seinen Widersachern
gefunden — fast sämtliche feste Sitze des Adels wurden von den
Bauernhaufen zerstört und ausgeraubt. Es konnte nicht fehlen,
daß von den Gegnern der Reformation das Auftreten Luthers
und der in seinem Sinne wirkenden Prädikanten für den Bauern=
aufruhr und die Ausschreitungen Münzers und Pfeiffers verant=
wortlich gemacht wurde. Trieb doch Pfeiffer selbst, den mancher
Eichsfelder vor nicht allzulanger Zeit hatte „Lutherisch" predigen
hören, die von ihm geführten Schaaren zu Mord, Aufruhr und
Zerstörung an. Aber ungeachtet dessen gewann die Reformation
unter dem Schutze der Ritterschaft, also derer, die durch den
Bauernaufruhr schwer geschädigt worden, wenn auch langsam
mehr und mehr Boden auf dem Eichsfelde. Hieraus läßt sich
ziemlich sicher der Schluß ziehen, daß Luthers Lehre auf dem
Eichsfelde bereits tiefe Wurzeln geschlagen, als Münzers und Pfeiffers
Schaaren das Land verheerten, und daß deren Ausschreitungen
nur Wenige an der Richtigkeit jener Lehren irre machen konnten.
Wie aber unter dem Schutze der Ritterschaft die evangelische
Lehre auf dem Eichsfelde Eingang gefunden und sich während
der ersten 30 Jahre nach Beginn der Reformation unter dessen
Bewohnern verbreitet hat, darüber sind uns keine gleichzeitigen
Nachrichten aufbewahrt worden.

Weder zu der gedachten, noch zu einer späteren Zeit hat ein
Einzelner, sei es ein Geistlicher, sei es ein Laie, eine derartige
Wirksamkeit auf dem Eichsfelde entfaltet, daß er als der Refor=
mator des Ländchens bezeichnet werden könnte. Die erst spät
wahrnehmbare Thätigkeit einzelner, ein wenig aus der Masse
hervortretenden Personen ist zumeist nur für ihre Wohnorte,
höchstens für deren nächste Umgebung, erkennbar. Es läßt sich
— einen einzigen Fall ausgenommen (S. 17) und von Pfeiffer
abgesehen — keine der Personen namentlich bezeichnen, welche zu=
erst in einem Eichsfelder Orte die evangelische Lehre verkündeten,
und ebenso wenig kann man für einen einzigen Ort mit voller
Sicherheit den Zeitpunkt bestimmen, zu dem daselbst zuerst das
Evangelium gepredigt wurde, oder die Bewohner sich sämtlich
oder doch in ihrer großen Mehrheit von der römischen Kirche ge=

trennt und dem evangelischen Glauben angeschlossen haben. Wohl aber liegen Nachrichten genug darüber vor, daß nach dem Tode des Kurfürsten Albrecht II. von Mainz, als dessen Nachfolger gegen die Bekenner des evangelischen Glaubens vorzugehen, und deren Bekehrung zur römischen Kirche, unter Zuhilfenahme ihrer landesherrlichen Macht, mit Gewalt herbeizuführen begannen, im Lande nur noch sehr wenige römische Geistliche, an recht vielen Orten dagegen evangelische Prediger vorhanden waren, und daß verschiedene der Letzteren bereits mehrere, — bis zu fünf — Amtsvorgänger gehabt hatten. Es ist ferner bekannt, daß die Gebräuche der römischen Kirche teilweise, ja an vielen Orten gänzlich, außer Uebung kamen. So wurden, der Abschaffung der Messe, des Genusses des Abendmahles unter beiden Gestalten u.s.w. nicht zu gedenken, die Eide spätestens seit dem Jahre 1537 ganz allgemein nicht mehr „bei Gott und seinen lieben Heiligen," son= dern „bei Gott dem Allmächtigen" geschworen. [16])

Es zeigt sich endlich ein völliger Verfall der klösterlichen Einrichtungen. Der Sitz des Lazaristen=Ordens zu Breitenbich, hart an der Grenze des Gebiets der Reichsstadt Mühlhausen, im Thale der Unstrut, war im Jahre 1518 an den Ordens=Bruder Heinrich Schmied gekommen, welcher aus dem Orden schied, sich 1523 verheiratete, den Ordenssitz aber behauptete und nebst sämt= lichem Zubehör seinen Söhnen hinterließ. [17]) Diese völlige Auf= lösung einer Ordensniederlassung und deren Uebergang in weltliche Hände vollzog sich ohne den geringsten Widerspruch. Es dürfte dies kaum möglich gewesen sein, wenn nicht die Bewohner der zu Breitenbich gehörigen, in dessen unmittelbarer Nähe gelegenen Dörfer: Helmsdorf, Zella und Horsmar, über deren Kirchen dem Comtur zu Breitenbich das Patronatsrecht zustand, [18]) und wenn nicht die Pfarrherrn dieser Orte sich gleich den beteiligten Mit= gliedern des Ordens bereits der römischen Kirche entfremdet hätten. — In ganz ähnlicher Weise scheint der Besitz, den der deutsche Orden (Comturei Weißensee) wahrscheinlich in Hüpstedt, wo ihm das Patronatsrecht zustand, [19]) innehatte, in weltliche Hände über= gegangen zu sein.

Das Frauenkloster Worbis war schon von den Nonnen ver= lassen worden, ehe es im Jahre 1525 von Bauernhaufen unter der Führung Pfeiffers zerstört wurde. [20]) Im Jahre 1540 sah sich der Kurfürst-Erzbischof Albrecht II. von Mainz genötigt, dieses Kloster wegen allzugroßer Schulden aufzuheben. [21]) Wären die Gläubiger des Klosters noch überzeugte Anhänger der römischen Kirche gewesen, oder hätte sich in weiteren Kreisen noch etwas von der früheren Opferwilligkeit gegenüber der Kirche gefunden, so hätte sich der Kurfürst-Erzbischof zu einer solchen Maßregel wohl nicht zu entschließen brauchen.

In dem letztgedachten Jahre bestellte der Kurfürst eine Kommission zur Visitierung des Nonnenklosters Teistungenburg und erteilte derselben den Auftrag, „das Kloster wieder in gebürlichen Stand und Besserung zu richten, damit Gottesdienst gehalten werde. [22]) Es fand also damals kein katholischer Gottesdienst in dem Kloster statt. — Das Nonnenkloster Zella (Friedaspring) „war 1546 von den Nonnen gänzlich verlassen". [23]) Zu einer etwas späteren Zeit standen auch das Nonnenkloster Beuern, [24]) sowie die Mönchsklöster Gerode und Reifenstein fast gänzlich leer.

Daß viele Kloster- und Welt-Geistliche sich alsbald nach Beginn der Reformation von der römischen Kirche losgesagt haben, ergiebt sich auch aus dem Mangel an Geistlichen, der zu jener Zeit, im Gegensatz zu dem noch kurz zuvor beklagten Ueberfluß, hervortrat. Als Folge dieses Mangels wird es zu betrachten sein, daß seit spätestens dem Jahre 1534 die Probststellen der Nonnenklöster unbesetzt blieben, und daß die Vermögens-Verwaltung der Mönchs- wie Frauenklöster Laien anvertraut wurde. [25])

Von den Klostergeistlichen finden wir, allerdings zu einer etwas späteren Zeit, den ehemaligen Reifensteiner Mönch, Liborius Hirsch — richtiger wahrscheinlich Herst — als evangelischen Geistlichen zu Wechsungen bei Nordhausen und noch später als evangelischen Prior zu Walkenried; als solcher starb er am 14. Dezember 1600. [26])

Auch unter den Stiftsgeistlichen, an den Sitzen der Archidiakone gewann die evangelische Lehre einflußreiche Anhänger. Johann Bruns, welcher seit 1515 als Offizial und Kanonikus des Peterstiftes zu Nörten bekannt ist, [27]) und in den Jahren 1465 bis 1520 erzbischöflicher Kommissar zu Göttingen gewesen sein soll, wirkte als Pfarrherr von Roßdorf bei Göttingen und dann als Ratsschreiber dieser Stadt auf das eifrigste für die Ausbreitung der evangelischen Lehre. Seinen rastlosen Bemühungen ist zu einem nicht kleinen Teile der Anschluß Göttingens an die Reformation zu danken. Die Canoniker des Nörtener Stifts scheinen überhaupt der reformatorischen Bewegung sehr nahe ge= standen zu haben. Gerade als Bruns in den Jahren 1528 bis 1538 seine größte und erfolgreichste Thätigkeit in Göttingen entfaltete, dürfte die Probststelle zu Nörten unbesetzt gewesen sein.[28] Johann Horneburg, welcher im Jahre 1538 als Probst des Stifts ge= nannt wird, hat nie in Nörten residiert. Den Nachfolger Horne= burgs, Andreas Angerstein, „wollte das Kapitel nicht für seinen Probst erkennen, er mußte seine Sache erst in Rom ausfechten und kam dann am 22. Februar 1549 zum Besitze der Probstei.“[29] Alsbald nachdem dieser Probst wider den Willen des Kapitels sein Amt angetreten, wurde dem damaligen Dechanten Andreas Mundemann am 17. April 1549 von dem Erzbischof Sebastian von Mainz befohlen „die von ihm verwaltete Pfarrstelle zu Geismar bei Göttingen, für welche er einen Lutheraner zum Geist= lichen bestellt hatte, selbst zu versehen, wenn er noch katholisch wäre“.[30] Zu derselben Zeit fand auf Anordnung des Erzbischofs eine Visitation des Nörtener Stiftes statt. Die infolge dessen ergangene Charta visitatoria vom 7. Januar 1550 war, „einen einzigen Artikel ausgenommen, der beim Stifte Heiligenstadt gleich.“[31] Aus Letzterer, welche vom 2. Januar 1520 datiert[33] ersehen wir, daß die geistliche Disziplin in den Stiften völlig aufgelöst war, daß die wenigsten Stiftsherrn noch die Gebräuche der römischen Kirche beobachteten, daß diese Wenigen den Gottesdienst ohne die mindeste Andacht versahen, und gar manche ein nicht erbauliches, sondern ein liederliches Leben führten. Gar viele Stiftsgeistliche lebten mit ihren, ihnen wohl nicht immer angetrauten Frauen in den Stiftshäusern. Den ebenfalls verheirateten Probst des Heiligen= städter Stifts, Burghard von Hanstein, welcher diese Stellung seit spätestens 1541 einnahm, werden wir gleich (S. 18; 20 ff.) als einen eifrigen Beförderer der Reformation kennen lernen. — Die Stiftsherren zu Dorla, deren Sitz „die Vogtei“ ebenso wie die angrenzende Ganerbschaft Treffurt, den Kurfürsten von Mainz und Sachsen, sowie dem Landgrafen von Hessen unterworfen war, dürften sich kaum von der unter Begünstigung der beiden letztgebachten Fürsten vor sich gehenden reformatorischen Bewegung des Landes ausgeschlossen haben [33]) (die meisten Stiftsherrn residierten in der unter alleiniger Hoheit des Kurfürsten von Sachsen stehenden Stadt Langensalza).

Es bekannten sich also schon früh, jedenfalls schon vor dem Jahre 1540, verschiedene Geistliche, zum Teil in einflußreicher Stellung, an den Sitzen der drei sich über das Eichsfeld erstreckenden Archidiakonate, offen zum evangelischen Glauben, oder standen zum mindesten der reformatorischen Bewegung geneigt gegenüber.

Kurfürst Albrecht von Mainz hat während seiner langen Regierung der Predigt des Evangeliums auf dem Eichsfelde keine allzugroßen Hindernisse in den Weg gelegt. Er hat sich zwar stets als ein entschiedener Gegner der Reformation gezeigt, deren sittliche Gewalt ihm bei seinen völlig verweltlichten Lebensanschauungen höchst unbequem war, es ist aber kein einziger Fall bekannt, in welchem der Kurfürst gegen die Bekenner des evangelischen Glaubens mit Gewalt eingeschritten wäre. Im Gegensatz zu seinen sämtlichen Nachfolgern auf dem erzbischöflichen Stuhle zu Mainz hat er niemals seine weltliche Macht benutzt, um seine Eichsfelder Untertanen bei der römischen Kirche zu erhalten, oder zu derselben zurückzuführen. Die von ihm in den Jahren 1517 bis 1534 zu Amtleuten auf dem Rusteberge ernannten Christian von Hanstein, Johann von Minnigerode (der Römer), Johann von Hardenberg und Siegfried von Bültzingsleben, sämtlich Mitglieder des eichsfeldischen Adels, haben sich, wenn auch nicht während ihrer Amtzeit als Amtleute, so doch kurz nach Niederlegung dieses Amtes als eifrige Protestanten und Beförderer der Reformation gezeigt, während sie, so lange sie Amtmänner auf dem Rusteberge waren, „ihren Mitbrüdern manches übersahen". [34]) Endlich ist uns auch aus der Regierungszeit dieses Kurfürsten keine einzige Nachricht des Inhalts erhalten, daß gegen die Aenderungen in der Ausübung des Gottesdienstes, gegen den Anschluß der Geistlichen an die evangelischen Lehrsätze, gegen den Abgang der bisherigen und die

Einführung evangelischer Geistlichen irgend welcher Widerspruch, irgend eine Klage, sei es von der Bevölkerung, sei es von der Geistlichkeit erhoben worden ist, und der Landesherr und Erzbischof hat nur in dem einen oben (S. 13) gedachten Falle den Versuch gemacht, dem fortschreitenden Verfalle der römischen Kirche zu steuern.

Nach diesen Thatsachen erscheint gewiß die Annahme berechtigt, daß die reformatorischen Anschauungen sehr frühzeitig in sämtlichen Schichten der Bevölkerung des Eichsfeldes weite, ja allgemeine Verbreitung gefunden haben, und daß der Uebergang zum evangelischen Glauben von fast der gesamten Bevölkerung sich bereits unter der Regierung des Kurfürsten Albrecht vollzogen hat.

Auch der Jesuitenpater Nicolaus Elgard schildert in einem, allerdings erst am 16. Juni 1575 nach Rom erstatteten Berichte, auf den wir hernach weiter unten zurückkommen werden, die Vorgänge in einer unsre Ansicht völlig bestätigenden Weise: „Seit dem Bauernkriege, also seit 50 Jahren, neigten sich die Bewohner der Städte" — (Duderstadt, Heiligenstadt, sowie die Flecken Dingelstedt, Giboldehausen, Lindau und Worbis) — „mehr und mehr den Haeretikern zu, die Abligen beriefen in die ihnen unterworfenen Dörfer frank und frei haeretische Prediger und in den übrigen Dörfern fanden sich haeretische oder schismatische, beweibte Priester ein." Es dürfte hiernach die einer handschriftlichen Chronik entnommene Angabe, „daß 1542 fast das ganze Eichsfeld, die Dörfer Ubra, Heuthen und Geileden ausgenommen, lutherisch gewesen sei," gewiß nicht so unglaublich sein, als man bisher anzunehmen für gut befunden hat.[35]) Freilich wird nicht für jedes Pfarrdorf, beziehentlich für jeden Ort, ein besonderer evangelischer Geistlicher angestellt gewesen sein, sondern an recht vielen Orten mag nur ab und zu ein umherwandernder, oder ein in den benachbarten Gebieten angestellter Prediger Gottesdienst gehalten haben.

So weit die äußerst dürftigen Nachrichten reichen, war Christoph von dem Hagen auf dem Schlosse Deuna, welcher zu Michaelis 1504 mit seinem Bruder Heinrich die Universität zu

Erfurt bezogen hatte,[36]) der erste Eichsfelder, welcher sich in
seiner Heimat offen zum evangelischen Glauben bekannte, und,
wenn auch nur innerhalb der ihm gehörigen Dörfer Deuna,
Rüdigershagen und Hüpstedt, vielleicht auch in Nieder-Orschel,
für dessen Ausbreitung thätig war. Bereits vor dem Jahre 1525
predigte der auf dem Hagenschen Schlosse zu Deuna wohnende
Thomas Hofen — der erste evangelische Geistliche, welchen wir
namentlich zu bezeichnen vermögen — in der damals sehr kleinen
Kapelle zu Deuna das Evangelium.[37]) Auch nachdem Ende April
1525 die Bauernhaufen Hagen's Schloß beinahe völlig zerstört
hatten, wurde Hagen in seinem festen Glauben an die Richtigkeit der
Lehren der Reformatoren nicht erschüttert. Er ließ sich nicht dadurch
irre machen, daß man schon damals jene Lehren geflissentlich für
die Schwärmereien der Bauernführer verantwortlich zu machen
suchte, sondern sorgte dafür, daß auch ferner das Wort Gottes
rein und lauter in seiner Heimat gepredigt wurde. Als Hofen
einem Rufe nach dem Schwarzburgischen Städtchen Frankenhausen
gefolgt war, trat Caspar Stolz an seine Stelle, und ihn er-
setzte nach seinem Abgange der Magister Bartholomäus. Des
Letzteren Nachfolger „Ehrn Heinrich" verweilte nur kurze Zeit
in Deuna; an seine Stelle trat, als er nach dem damals gräflich
Honsteinschen Dorfe Groß Berndten übersiedelte, Pastor Volkmann. Dies war der erste evangelische Geistliche für die Dörfer
Deuna und Rüdigershagen, welcher außerhalb des Hagenschen
Schlosses wohnte, und, in Ermanglung eines Pfarrhauses, bei
dem Dorfschmiede Albrecht in Deuna Wohnung nahm.

Die Nachkommen Christoph's von dem Hagen bewahrten vor
nicht allzulanger Zeit eine ihrem Ahnherrn von Luther selbst
geschenkte, mit dessen eigenhändiger Widmung versehene Bibel als
wertvolles Kleinod auf.[38]) Ob die Sage auf Wahrheit beruht,
daß Luther gelegentlich seines Aufenthaltes in Nordhausen, Hagen
in Deuna besucht und bei demselben übernachtet habe, konnte
nicht festgestellt werden.

Können wir nun auch für keinen anderen Ort des Eichsfeldes, so wie für Deuna und Rüdigershagen, die evangelischen
Geistlichen, welche in demselben gewirkt haben, namhaft machen,
so sind doch einzelne vom Eichsfelde stammende Personen bekannt,

welche sich frühzeitig der Reformatorischen Bewegung angeschlossen und zum evangelischen Glauben bekannt haben.

Conrad von Hanstein, gebürtig von dem gleichnamigen in das Werrathal herab blickenden Schlosse, ist schon in jungen Jahren nach der Universität zu Wittenberg geführt worden, in deren Matrikel er Ostern 1516 eingetragen wurde. [39]) Conrad hat im Laufe seines vielbewegten Lebens die Eindrücke stets bewahrt, die er als Jüngling auf der Wittenberger Hochschule empfangen hatte. Er trat, wahrscheinlich schon 1519, als Soldat in die Dienste des Landgrafen Philipp von Hessen. Als er sich 1541, nachdem er inzwischen dem Könige Christian von Dänemark und dem Markgrafen Albrecht (Alcibiades) von Brandenburg-Culmbach Dienste geleistet, von der Königin Maria von Ungarn und von Kaiser Carl V. anwerben ließ, bedang er sich ausdrücklich aus, nicht gegen „die evangelischen Vereine" fechten zu müssen. Oft hat er seinen Dienst, nie seinen Glauben gewechselt, sich vielmehr bis zu seinem 1553 erfolgten Tode stets zum evangelischen Glauben bekannt. [40]) Zwei seiner Brüder, den oben (S. 14) genannten Probst Burghard und Lippold von Hanstein, werden wir unten (S. 20 ff.) als eifrige Beförderer der Reformation kennen lernen.

Auch sein bei weitem älterer Vetter, Ritter Christian von Hanstein, welcher 1509 Mainzischer Amtmann zu Schloß Rusteberg war [41]) und diese Stellung noch in den Jahren 1512 bis 1520 bekleidete, wandte sich bald nach dem zuletzt genannten Jahre dem evangelischen Glauben zu. Er schied, obwohl er noch 1517 auf weitere 5 Jahre als Amtman des Rusteberges angenommen, und obwohl sein gesamter Grundbesitz auf dem Eichsfelde lag, im Jahre 1520 aus den Diensten des Kurfürsten Albrecht von Mainz, um in die des Landgrafen Philipp von Hessen zu treten, welcher ihn Ende des gedachten oder mit dem Beginn des folgenden Jahres zu seinem Statthalter in Cassel ernannte. In dieser Stellung befand sich Ritter Christian noch, als er auf die von dem Rate zu Göttingen am 18. Januar 1530 an ihn gerichtete Bitte veranlaßte, daß Jost Winter, welcher in Allendorf a/W., in der unmittelbaren Nähe der Christian gehörigen Besitzung Wahlhausen, auf dem Eichsfelde, als evangelischer Geistlicher angeſtellt war, ſich nach Göttingen begab, um dort das Evangelium zu predigen. [42])

„Bald nach dem Jahre 1525 wollten viele Bürger zu Heiligenſtadt den alten Gottesdienſt nicht mehr leiden". [43]) Liborius Herſt, welcher Oſtern 1500 die Erfurter Univerſität bezogen hatte, [44]) und im Jahre 1529 gemeinſam mit Andreas Strecker [45]) ſeiner Vaterſtadt, Heiligenſtadt, als Bürgermeiſter vorſtand, war in letztgedachtem Jahre für den evangeliſchen Glauben gewonnen. [46]) Jakob Grobecker aus Duderſtadt wurde 1533 als evangeliſcher Geiſtlicher an die Johannis-Kirche zu Göttingen berufen und wirkte an dieſer, ſowie ſeit 1537 an der Albani-Kirche daſelbſt, bis er nach Wernigerode überſiedelte. Sein Landsmann und Glaubensgenoſſe Johann Möring war 1542, ebenfalls in Göttingen, als Lehrer thätig und Anton Hofmann aus Heiligenſtadt befand ſich 1534 als evangeliſcher Geiſtlicher in Moringen. [47])

In dem ſüdweſtlichen, von Braunſchweig und Heſſen begrenzten Teile des Eichsfeldes, in dem über 30 Ortſchaften umfaſſenden Hanſteinſchen Gerichte [48]) muß die evangeliſche Lehre, welcher ſich mehrere Glieder der Familie der Grundherrn zugewendet hatten, ſchon früh durch Geiſtliche aus den benachbarten Heſſiſchen und Braunſchweigiſchen Orten verbreitet worden ſein. Es fand ſich dort, alsbald nach dem Tode des Kurfürſten Albrecht von Mainz (27. September 1545), nur noch ein katholiſcher Geiſtlicher, Johann Heringshauſen, welcher Ende des Jahres 1549 das ihm, wahrſcheinlich als Inhaber einer Vikarie zu Rimpach, zuſtehende Gehalt von den von Hanſtein ohne Erfolg forderte. [49]) In allen übrigen Orten des Gerichts wird aber zu jener Zeit entweder überhaupt keines Geiſtlichen, oder eines evangeliſchen Geiſtlichen gedacht. Wahrſcheinlich haben ſich an der Evangeliſierung der Dörfer dieſes Gerichtes auf Veranlaſſung des Ritters Chriſtian von Hanſtein der erwähnte Allendörfer Geiſtliche, Joſt Winter, ſeit mindeſtens 1529, etwas ſpäter deſſen Nachfolger, Georg Thomas, welcher 1539 mit dem bekannteren Anton Corvin die Nordheimer Kirchenordnung entwarf, [50]) ſowie Corvin ſelbſt, welcher in jenen Jahren Geiſtlicher in Witzenhauſen war, beteiligt. Nachweiſen freilich läßt ſich eine ſolche Thätigkeit der drei Geiſtlichen nicht. [51])

Zu einer etwas späteren Zeit treten die oben genannten Brüder Burghard und Lippold von Hanstein als die Leiter der reformatorischen Bewegung innerhalb des Hansteinschen Gerichtes, sowie in den Orten hervor, welche in kirchlicher Beziehung mit dem Martinsstifte zu Heiligenstadt in näherer Verbindung standen. — Beide Brüder hatten zu Ostern 1517 die Universität zu Erfurt bezogen.[52]

Burghard, der älteste von 5 Brüdern, war wahrscheinlich von Kindheit an für den geistlichen Stand bestimmt, erlangte schon früh ein Kanonikat am Petersstifte zu Fritzlar und wird am 3. Juni 1534 als der jüngste Kanonikus des Stifts aufgeführt. Spätestens vom März 1541 bis zu Mitte des Jahres 1565 stand Burghard dem Martinsstifte als Probst vor und versah 1559 selbst die Pfarrei von Kirchgandern, deren Patron er als Stiftsprobst war. Obwohl Probst Burghard, wie oben gedacht, bestimmt als Probst, vielleicht aber schon seit 1537 verheiratet war, behielt er doch, anscheinend bis zu seinem in Fritzlar erfolgten Tode, seine Pfründe in Fritzlar. Als er in dieser Stadt am 26. September 1584 sein Testament errichtete, lebte seine Gattin bei ihm und wurde nebst ihren 4 Töchtern und 2 Söhnen, die seinen Namen fortsetzten, in diesem Testamente mit seinen, großenteils 1537 vom Stifte zu Fritzlar gekauften, Allodialgütern bedacht. Auf seine Lehngüter hatte er schon früh, wohl schon beim Eintritt in den geistlichen Stand, zu Gunsten seiner Brüder verzichtet.[53]

Sein Bruder Lippold trat als Rat und Hofmeister in die Dienste der Herzogin Elisabeth von Braunschweig-Münden, einer Schwester des Kurfürsten von Brandenburg, und nahm an der von seiner Herrin als Vormünderin ihres Sohnes, des Herzog Erich II., eifrig betriebenen Evangelisierung der Braunschweigschen Lande unter Leitung des oben genannten Anton Corvin Teil. Dieses Dienstverhältnis löste Lippold erst 1555, geraume Zeit nach der Wiedervermählung seiner Herrin mit dem Grafen Boppo von Henneberg.[54] Von da an bis zu seinem 1575 erfolgten Tode beschäftigte er sich lediglich mit den Angelegenheiten seiner Heimat, vornehmlich mit kirchlichen Dingen. Die reformatorische

Thätigkeit beider Brüder auf dem Eichsfelde wird erst vom Jahre 1545 ab bemerkbar.

Das Patronatsrecht über die im Hansteinschen Gerichte gelegene Pfarrei zu Wiesenfeld mit den Filialen Dieterode, Krombach, Rüstungen und Schwobfeld stand dem Probste des Martinsstiftes zu. Die Pfarrei war aber seit Jahren unbesetzt, vielleicht weil die Eingepfarrten, zu denen Lippold von Hanstein als Besitzer von Wiesenfeld gehörte, einen katholischen Geistlichen nicht bulden wollten, und sich Probst Burghard noch scheute, einen evangelischen Geistlichen einzusetzen, vielleicht aber auch, weil die Pfarrstelle ein so geringes Einkommen hatte, „daß kein tugendlicher, gelehrter Pfarrherr und Seelsorger daselbst wohnen konnte, um daselbst das Wort Gottes zu lehren".

Probst Burghard vermochte im Jahre 1545 seine damals noch lebenden 3 Brüder Conrad, Lippold und Martin diese Pfarrstelle mit einem ursprünglich 200 Goldgulden betragenden, später auf 450 Goldgulden erhöhten Kapitale zu dotieren, dessen Zinsen dem jeweiligen Inhaber der Pfarrstelle zu Gute kommen sollten, und gab als Gegenleistung für diese Dotation seinen drei Brüdern das Patronatsrecht über die gedachte Pfarrei zu Lehen, damit sie dieselbe „mit einem frommen und gelehrten Pfarrherrn versorgten." In den unter dem 19. August ausgestellten Lehnbrief nahm Probst Burghard die Bestimmung auf, „daß, falls es zwischen dem Probste des Martinsstiftes und den von Hanstein zu Streitigkeiten über die Besetzung der Pfarrei kommen sollte, die von den von Hanstein gewährte Dotation an diese oder deren Erben zurückfallen solle," eine Bestimmung, welche die Absicht, das Gehalt der Pfarrstelle nur für einen dem evangelischen Glauben zugethanen Geistlichen aufzubessern, ziemlich deutlich durchblicken läßt.

Unter die Abschrift dieses im Original nicht mehr vorhandenen Lehnbriefes setzte Lippold: „Dieser Pfarr jus patronatus ist nicht umb unser oder unser Erben Nutz und Genieß willen bekommen, sondern allein den armen Pfarrleuten und Unterthanen zum besten, daß die, von denen wir ihren Sweis und Blut zu Zinse und Dienste entfangen, dargegen, so lange ganz one Prediger gesessen, sollten Gottes Wort haben." Gleichzeitig forderte Lippold seine Erben und Verwandten auf, die Pfarrei noch besser zu dotieren,

2*

„damit Gottes Ehre gefördert werde", und verwies dieselben „auf
das Exempel Eli und seiner Söhne im 2. Kapitel Samuelis"
(Vers 30): „der Herr spricht, wer mich ehret, den will ich auch
ehren".[55]) Von einer Besetzung der Pfarrstelle zu Wiesenfeld
mit einem evangelischen Geistlichen erhalten wir erst, fast volle
zwei Jahre nach der Erwerbung des Patronats, durch den Revers
des Joachim Patberg vom 19. Juni 1547 Nachricht. Darnach
wurde derselbe an diesem Tage von Lippold in seinem und seiner
Brüder, auch Probst Burghard's, Namen mit der gedachten
Pfarrstelle beliehen, „um Gottes seligmachendes Wort zu predigen,
zu lehren und vorzutragen, die heiligen, hochwürdigen Sakramente
nach der Insatzunge Christi, nach christlicher Ordnung zu reichen."
Wirkte auch bei der Anstellung Patberg's der damalige „Superin=
tendent in Herzog Erich's Fürstentum Anton Corvin" insofern
mit, als er den Revers Patberg's auf dessen Bitte mit unter=
schrieb und untersiegelte, so läßt sich doch nicht nachweisen, in wie
weit Corvin bei der Einführung des Geistlichen in sein Amt
thätig war.[56])

Einige Monate später, am 1. September, setzten nicht nur
der an erster Stelle aufgeführte Probst Burghard und dessen
Brüder, sondern auch andere von Hanstein für „Ern Lucas
Wissen," der bereits längere Zeit im Amte gewesen zu sein scheint,
ein für jene Zeit verhältnismäßig hohes Gehalt aus; gegen den
Bezug desselben sollte er gehalten sein „uns und unsern Under=
sassen mit reiner rechtschaffener Lehre und Gottes Wort, den
heiligen Sakramenten und anderen Kirchendiensten in Rimpach,
Bornhagen, Steine und Gerbichshausen (jetzt Gebershausen) sein
Lebelang fleißig vorzusehen, zu dienen und zu verwalten nach
seinem besten Vermögen".[57]) Daß außer diesen beiden evange=
lischen Geistlichen noch andere in und außerhalb des Gerichtes
durch die von Hanstein, beziehungsweise durch Probst Burghard
zu jener Zeit angestellt waren, ergiebt sich aus dem weiter unten
(S. 23) zu Sagenden.

Der Nachfolger des Kurfürsten Albrecht II., der am 20. Ok=
tober 1545, beinahe einstimmig, erwählte Sebastian von Heusen=

stamm, erfüllte die Hoffnungen, welche die Evangelischen an seine
Wahl geknüpft hatten, nicht. Landgraf Philipp von Hessen, welcher
sich gemeinsam mit dem Herzog Friedrich von der Pfalz — dem
späteren Kurfürsten Friedrich II. — bemüht hatte, die Wahl auf
Sebastian zu lenken, erfuhr bald, daß er sich in der Annahme
geirrt hatte, er würde auf den Gewählten, weil er in Hessen be=
gütert war, Einfluß haben. Kurfürst Sebastian, welcher vor
seiner Wahl dem Landgraf Philipp, sowie dem Pfalzgraf Friedrich
insgeheim versprochen haben soll, „eine christliche Reformation zu
fördern", erwies sich den Wünschen der beiden Fürsten nicht im
mindesten willfährig. [58]) Hatte er wirklich vor der Wahl jene
Zusage gegeben, so werden die Ereignisse des Jahres 1547, der
unglückliche Ausgang des Schmalkaldischen Krieges, seine Ent=
schließungen wesentlich beeinflußt, und ihn völlig auf die Seite
der siegreichen römischen Partei gezogen haben, welcher er wohl
niemals sehr fern gestanden hat.

Kurfürst Sebastian machte alsbald nach der Verkündigung
des Augsburger Interims vom Jahre 1548, an dessen Zustande=
kommen er wesentlich beteiligt gewesen sein soll, [59]) von den hierin
enthaltenen so überaus dehnbaren, ja zweideutigen Bestimmungen
Gebrauch und versuchte auch auf anderen Wegen der immer mehr
zunehmenden Verbreitung der evangelischen Lehre unter der Be=
völkerung des Eichsfeldes Einhalt zu thun, wie er denn auch in
Hessen und Braunschweig sich bemühte, der römischen Kirche die
verlorene Machtstellung zurückzugeben. [60]) Am Freitage nach
Martini (16. November 1548) befahl der Kurfürst allen von
Hanstein: „die von ihnen innerhalb und außerhalb ihres Gerichts
angestellten Prädikanten fortzuschaffen, oder dieselben dahin zu
bewegen, daß sie sich mit der alten Kirche versöhnten, ihn, ihren
Erzbischof, als ihren Ordinarius anerkennten und ihm Gehorsam
leisteten. [61])

In welchen Orten die von Hanstein jene Geistlichen ange=
stellt hatten, ist nicht nachzuweisen, es müssen aber noch andere,
als die (S. 21/22) Genannten gewesen sein, da diese innerhalb
des Gerichtes ihren Wohnsitz hatten. Wahrscheinlich waren außer
den gedachten Pfarrstellen zu Gerbershausen und Wiesenfeld auch
noch die Pfarreien zu Groß=Töpfer, Wahlhausen, Werleshausen,

Wüstheuterode und Hohengandern innerhalb des Gerichts, sowie die außerhalb des Gerichtes gelegene Pfarrei zu Rengelrode mit evangelischen Geistlichen besetzt. Ueber die letztgedachte Pfarrei stand den von Hanstein damals, sowie auch noch jetzt, das Patronatsrecht zu. Lippold von Hanstein setzte unter die Abschrift der vorgedachten kurfürstlichen Verfügung: „Ob man nicht wüßte, daß diese Leute abgottisch wären, und einen anderen Patronum, dan unsern einigen liben Gott hetten, so müssen die[jenigen], welche sich des rümen, denselben mit Gewalt unterstehen *) zu vorteibingen und zu beschirmen." „Herzliber Vater unser, unser einiger Gott, hilf, das dein liber Name bei uns und den unsern geheiligt und allein geehret werde in Ewicheit umb deines liben Soens Jesu Christi willen. Amen."

Als die von Hanstein die von ihnen geforderten bestimmten Antworten, ob sie dem in der Verfügung von 16. November gegebenen Befehle nachgekommen, unter verschiedenen Vorwänden auszuweichen suchten, schrieb Kurfürst Sebastian an die Unterzeichner der letzten, einen Aufschub der Ausführung jener Verfügung erbittenden Eingabe am Donnerstag nach Ostern (den 25. April 1549): Er habe erwartet, sie würden sich seinen Befehlen gehorsam erweisen, da sie aber zum Nachteil ihrer Seelen Seligkeit die Sache hinzuziehen sich unterstünden, und gegen alle christliche Ordnung, gegen die kaiserlichen Befehle und gegen die alte katholische Kirche, „darunter ir gesessen, für euch selbst wandelt," so ermahne er sie und befehle ihnen: „andere katholische Priester und Pfarrherrn, unserer wahren, christlichen Religion anhängig, an der Itzigen statt, zu präsentieren, von der Neuerung abzustehen und sich wieder zu der alten katholischen, christlichen Kirche zu wenden". [62])

Zu dieser sehr bringlichen Wiederholung seines früheren Befehles hatte Kurfürst Sebastian sich wohl besonders deshalb entschlossen, weil er, wie es uns seine am 17. April an den erzbischöflichen Kommissar Johann Buschauer zu Heiligenstadt gerichtete Antwort [63]) zeigt, von diesem zu Anfang des Jahres ein „sonderbar Schreiben der lutherischen Prädikanten und ungehorsamen Pfarrer halben" erhalten hatte, aus welchem sich der völlige Verfall der

---

*) Unterstehen = auf sich nehmen oder wagen.

römischen Kirche auf dem Eichsfelde ziemlich deutlich ergeben haben muß.

So viel sich aus dieser Verfügung des Kurfürst-Erzbischofs entnehmen läßt, waren die meisten Geistlichen des Eichsfeldes ohne Mitwirkung des Kommissars angestellt, gar manche, bereits längere Zeit im Amte befindliche Pfarrer — aufgeführt werden nur der ungenannte Pfarrer zu Nieder-Orschel, welcher vielleicht Christoph Obenhin hieß,[64]) und der oben (S. 14) erwähnte Dechant Mundemann in Nörten — hatten sich der evangelischen Kirche angeschlossen. In den Orten, in welchen die Abligen Einfluß hatten, befanden sich evangelische Geistliche und Lehrer. Mit den betreffenden Abligen waren wegen Entlassung dieser Geistlichen Verhandlungen gepflogen worden, und mehrere derselben — wie wir sahen nicht sämtliche — hatten sich, vielleicht unter dem Drucke des Ausganges des Schmalkaldischen Krieges, mit deren Entlassung einverstanden erklärt. „Etliche von Abel" hatten aber „Pfarrherrn und Kirchendiener, so der neuwen Lutherschen Sekten anhengig .... ihrem Selbsterbieten entgegen, erhalten" und nicht abgeschafft. Die Vorladungen und Verfügungen, die von dem Kommissar an die zur evangelischen Kirche übergetretenen, sowie an die ohne seine Mitwirkung angestellten Geistlichen gerichtet waren, hatten keine Beachtung gefunden, da diese Geistlichen den Kommissar nicht als ihren Vorgesetzten anerkannten. Ja die Versuche des Kommissars gegen die Ungehorsamen einzuschreiten, waren mißglückt, „da die Cursores (Boten) ihre gepürliche Executiones contra citatos (gegen die Vorgeladenen) nit volnbringen mogen aus Forcht und allerhand Widderwertigkeit," und der Kommissar selbst traute sich auch nicht, in die evangelisch gewordenen Orte zu gehen und die ihm nicht gehorchenden Geistlichen persönlich zur Rede zu stellen, da er Widersetzlichkeit der Bevölkerung fürchtete, wenn er gegen die evangelischen Geistlichen vorging. Er war der Ansicht, daß „solcher vergeblichen Kost, Mühe und Arbeit erspart werden solt," und wollte nicht länger fruchtlos gegen die Ausbreitung der immer festeren Fuß fassenden evangelischen Lehre ankämpfen. Vielleicht war der Kommissar auch von Anfang an gar nicht gewillt, gegen die evangelischen Geistlichen mit der vom Kurfürsten gewünschten

Strenge einzuschreiten, und hatte deshalb gebeten, ihn „Alters und Unvermöglichkeit halben" seines Amtes zu entbinden.

Der Kurfürst lehnte in dem Erlasse vom 17. April diese Bitte Buschauer's ab, wies ihn vielmehr an, mit aller Strenge gegen die Ungehorsamen vorzugehen; er teilte ihm zugleich mit, daß er dem Amtmann befohlen habe, nicht nur ihn bei Ausführung dieser Befehle zu unterstützen, sondern auch mit den Abligen wegen der Präsentation „geschickter und geweihter Personen" an Stelle der evangelischen Geistlichen zu „handeln". Ja, der Kurfürst wandte sich, wie wir oben gesehen, kurz nach Erlaß dieser Verfügung, an einzelne Ablige direkt mit dem Befehle, sich wieder zur katholischen Kirche zu wenden und die evangelischen Geistlichen zu entlassen.

Die von Hanstein ließen sich durch den an sie gerichteten Erlaß des Kurfürsten vom 25. April nicht einschüchtern, sondern erklärten ihm, allerdings nach längerer Ueberlegung, am 18. Juli gerade heraus, daß sie die von ihnen berufenen Geistlichen ihrer Aemter nicht zu entlassen vermöchten, da sie den von diesen Geistlichen abgegebenen und beigefügten Erklärungen nur beitreten könnten. Ihre Pfarrer predigten Gottes Wort rein, führten einen christlichen züchtigen Wandel, seien auch arme, einfältige und fromme Diener Gottes. Schließlich gaben die von Hanstein der Hoffnung Ausdruck, der Kurfürst werde ihre Prediger nicht unverschuldet mit Weib und Kindern wider Gottes Wort vertreiben lassen.[65]) In den dieser Eingabe an den Kurfürsten angeschlossenen Erklärungen „der Prediger im Gericht Hanstein" vom 25. Mai und vom 16. Juni, führten dieselben aus:

Sie seien beschuldigt von der katholischen Lehre abgefallen und ungehorsam geworden zu sein. Sie wollen aber ihre Lehre „vor dem Richterstuhle des allmächtigen Gottes verantworten." Sie haben „nicht nach lutherischer oder nach irgend eines Menschen Weise" gepredigt und die Sakramente haben sie so gespendet „wie unser Herr Jesus selber sie eingesetzt, und wie die Evangelisten sie beschrieben hätten." Sie halten den ehelichen Stand, den Gott selber eingesetzt habe, für christlich und billig. Paulus lehre, es sei eine teuflische Lehre denselben zu verbieten. Sie feierten die Feste mit christlichen Predigten, Gesängen und Ceremonien fasteten auch in gebräuchlicher Weise.

Leider sind die Namen der evangelischen Geistlichen, welche diese Erklärungen verfaßten oder zu den ihrigen machten, unbekannt. Es läßt sich nur vermuten, daß die Pastoren Patberg und Wissen sich unter den Unterzeichnern befanden, und daß vielleicht bei Abfassung der Schriftstücke der Pastor Thomas aus Allendorf und selbst der Probst Burghard mitgewirkt haben.

Ungefähr zu derselben Zeit, zu welcher die Erklärung der von Hanstein mit den Ausführungen ihrer Geistlichen an den Kurfürsten abging, im Juni oder Juli, bestellte derselbe in der Person des Dechanten und Predigers des Martinsstiftes zu Heiligenstadt, Wilhelmus, dem Kommissar einen Gehilfen, welcher gemeinsam mit diesem die Pfarreien und Klöster des Eichsfeldes visitieren sollte.

Die Vornahme dieser Visitation scheint im Laufe des Jahres 1549 ziemlich überall auf dem Eichsfelde versucht und auch an einzelnen Orten ausgeführt worden zu sein. Buschauer und Wilhelmus setzten die von Hanstein am Dienstag nach Margarethen (17. Juli) von dem ihnen erteilten Auftrage in Kenntnis und teilten auch noch am 21. August mit, daß sie zur Vornahme der Visitation der Hansteinschen Pfarreien die Woche nach dem 1. September in Aussicht genommen hätten. Es bleibt aber ungewiß, ob der erzbischöfliche Kommissar mit seinem Gehilfen diese Absicht ausgeführt, oder hieran durch die von Hanstein oder durch die Bevölkerung gehindert worden ist. In der Umgegend von Duberstadt scheint die Visitation zu jener Zeit statt gefunden zu haben. Mehrere Bewohner der unterhalb jener Stadt gelegenen, zum Archidiakonar Nörten gehörigen Dörfer Bernshausen und Obernfeld waren von dem erzbischöflichen Kommissarius deshalb zur Verantwortung gezogen worden, weil sie „auf nechst vergangenen heiligen Osterfest", ungeachtet des ergangenen Befehls, „das hochwürdigt Sakrament des waren Leybs und Bluds nicht entphangen". Fünf Bewohner dieser Dörfer: Hans Marthhausen aus Bernshausen, Hans, Blasius und Urban Klappenrode, sowie Baltasar Moldenhauer aus Obernfeld, baten deshalb Sonntag nach Martini (17. November) den Kommissar, sie wegen des Empfanges des

Abendmahles nicht zu drängen „damit wir das hochwürdige Sakrament nicht zum Gericht, sonder zu unser Seligkeit entphangen muchten". Sie hätten Gewissensbedenken das Abendmahl nur unter einer Gestalt zu genießen.[66]) Es waren geängstete Seelen, welche, wie ihr Schreiben ergiebt, ihre aus einer ziemlich eingehenden Kenntnis der Bibel geschöpfte Ueberzeugung dem Gebote des Kommissars nicht unterordnen konnten und wollten. Ihre Ueberzeugung, ihr Gewissen hatte sie bereits von der römischen Kirche getrennt, es wurde ihnen aber schwer, die Trennung auch äußerlich zu vollziehen.

Großen Erfolg werden diese Visitationen kaum gehabt haben. Wahrscheinlich dienten sie, wie die der Stifte zu Heiligenstadt und Nörten, welche zu jener Zeit ebenfalls stattgefunden haben müssen (S. 14), nur dazu, den Verfall der römischen Kirche noch mehr aufzudecken, die an der Richtigkeit der Lehren dieser Kirche Zweifelnden zum völligen Bruche mit derselben zu treiben.

Der nach dem gedachten Erlasse des Kurfürsten vom 17. April ergangene Befehl „mit den Adligen" wegen Abschaffung der evangelischen Prediger „zu handeln", blieb ebenfalls wirkungslos.

Der Amtmann Melchior von Graenrode[67]) hatte, so kurze Zeit er auch erst auf dem Eichsfelde war, sehr richtig erkannt, daß ihm die Macht fehle, die Anordnungen des Kurfürsten gegen den Willen fast der gesamten Bevölkerung des Landes durchzuführen. Graenrode nahm deshalb von jeder Gewaltmaßregel Abstand, wußte sich mit den maßgebenden Personen auf einen guten Fuß zu stellen, verkehrte mit denselben in freundschaftlicher Weise und suchte nur gelegentlich, durch gütliches Zureden, im Sinne des Kurfürsten zu wirken. Mit Lippold von Hanstein stand er in regem Briefwechsel und tauschte mit diesem Streitschriften, Erlasse und Neuigkeiten aus, welche die Tagesfragen betrafen.

So sandte der Amtmann mit einem Briefe vom 11. November 1549, unter dem Ausdrucke seines Dankes für die ihm „zur Vermehrung seiner Bücherei" übermachten Schriften, an Lippold die Abschriften mehrerer Erlasse „eines Fürsten des Reichs, welcher sich bemühe, sein Land und Leute wiederumb von vormeinter Lehre zu entbinden und der alten, waren, christlichen Religion vehig zu machen", mit dem Hinzufügen: „Dieweil Ir nun wunderlich zuvornemen, wie die zeithero verlassene Jungfrau christlicher Kirchen widerumb jn jre jungfrauliche alte Zirlicheit befordert, so gelanget an euch mein gutlich Gesinnen, jr wollet euch zum rechten Schafftal auch begeben, des rechten Hirten, und nit Mercenarii*) Stimme hören, dan wie ich ferner berichtet, so habe der obriste Mercenarius, Corvinus genannt, seine Schafe verlassen und sich zur Erichs-Burgk in thorm begeben". Diesem Briefe lag ein Zettel mit folgenden Worten bei: „Do ir ewres Selsorgers und Pastoris, Herrn Johann Heringshausen, entraten konten, mochte ich inen, do es euch nit hochlich zu entgegen, dahin gern befordern, dan, wie ich spüre, ist er gelert und eines unstreflichen Wesens, allein das ein Solches von ime nicht geglaubt, macht, das sein Reich nit von dieser Welt."

Den unzweifelhaften, aber doch nicht allzu bitteren Spott, mit dem Gränrobe auf die Lippold, dem Hofmeister der Mutter des Herzogs Erich II., sicher längst bekannte Gefangensetzung des Superintendenten Corvin hinwies, vergalt Lippold am 23. November mit gleicher Münze, indem er dem Amtmanne als Gegengabe „etliche Artikel" schickte, „so die Stende des Reichs widder die Geistlichen bei Zeiten Julii des Pabstes dem Kaiser Maximiliano, da noch kein Luther gewesen, übergeben, sampt einem kaiserlichen Mandat widder den Julius, darinnen sich Maximilianus beclagt, das gemelter heiliger Vater trewlos und ehrlos". Das wohl ebenfalls nur im Spott gemachte Anerbieten bezüglich der Beförderung des katholischen Geistlichen Heringshausen ließ Lippold in seiner Antwort unberührt.[65]

Bei dieser Sachlage war es natürlich, daß die Versuche des Kurfürsten, der auf dem Eichsfelde im Absterben begriffenen römischen Kirche neues Leben einzuflößen, erfolglos blieben. Die evangelischen Eichsfelder ließen ihn, den Amtmann, den erzbischöflichen Kommissarius — dessen Stelle von Ende des Jahres 1549 Alexander Kindervater bekleidete — befehlen, was sie wollten, und thaten was sie für Recht erkannt hatten. Gott gab ihnen, wie der von Herzog Erich II. des Landes verwiesene, und von Lippold von Hanstein bald nach dem 17. Januar 1550 über Allendorf, Mühlhausen und Erfurt nach Arnstadt geleitete Dr. Joachim

---

*) Mietling, Anspielung auf Joh. 10, 12.

Morlin aus Göttingen gebeten, „ein freimütiges Hertze, bey seinem lieben Sohn in seiner Trübseligkeit ernstlich und einlichen zuvor= harren". [69]) Kurfürst Sebastian hatte weder die Macht, noch den Mut die Gegenreformation mit Gewalt durchzusetzen nnd die Er= eignisse zwangen ihn, seinem Bekehrungseifer noch engere Schranken zu ziehen.

Die Kunde von dem Zuge des Kurfürsten Moritz von Sachsen nach Tirol und von der Flucht Kaiser Carl's V. hatte den Kurfürst= Erzbischof, ebenso wie die übrigen Teilnehmer des Concils, von Trient verscheucht. Sebastian eilte nach Mainz, um seine Haupt= stadt mit den von ihm geworbenen Söldnern vor einem Hand= streiche zu sichern, er dankte aber seine Truppen bald nach seiner Heimkehr ab und benutzte dieselben nicht einmal dazu, um den Durchzug des Grafen Christof von Oldenburg durch das Eichs= feld zu hindern. Der Passauer Friede, die Machtstellung, welche Kurfürst Moritz und mit ihm die übrigen evangelischen Fürsten im Reiche erlangt, veranlaßten den Kurfürsten, seine Bestrebungen auf Wiederherstellung der römischen Kirche auf dem Eichsfelde einzustellen.

Der oben S. 25 erwähnte Pfarrer zu Nieder=Orschel blieb dem evangelischen Glauben treu und übte nicht nur an diesem Orte, sondern auch in Breitenholz [70]) noch lange Jahre die Seel= sorge ungestört aus. Probst Burghard behielt trotz seiner ent= schiedenen Parteinahme für die protestantische Sache, und obwohl er die angetraute Gattin nicht von sich ließ, seine Pfründen in Heiligenstadt und Fritzlar und fuhr fort, wo er konnte, evan= gelische Geistliche einzusetzen. Auf dem Burgsitze zu Unterstein erbauten die von Hanstein im Jahre 1554 eine evangelische Kapelle, wohl eines der ersten von den Protestanten des Eichsfeldes für ihr Bekenntnis neuerbauten Gotteshäuser, das noch heute benutzt wird.

Auf Veranlassung des (S. 16) genannten Christoph von dem Hagen war in Deuna ein Pfarrhaus errichtet, welches der Nach= folger des erwähnten Pastor Volkmann, Namens Lucas, beziehen konnte. Dieser predigte nicht nur in Deuna und Rübigershagen, sondern auch in dem nicht allzu fern gelegenen Dorfe Follenborn. [71]) Die Bewohner Duderstadts hatten sich in so großer Menge dem evangelischen Glauben zugewendet, daß Rat und Bürgerschaft im Jahre 1554 den Kurfürsten Sebastian baten, ihren verheirateten

Mitbürger, Johann Zellmann, zu ihrem Pfarrer zu bestellen. Lehnte auch der Erzbischof mittelst Erlasses vom 5. November 1554 diese Bitte mit der Begründung ab, daß Zellmanns Lehre ihm verdächtig erscheine; forderte er auch, daß ihm der Rat einen anderen tauglichen katholischen Pfarrer präsentiere, so konnte er doch nicht hindern, daß Zellmann auch ferner in Duderstadt für die evangelische Lehre wirkte, daß die Bewohner dieser Stadt in immer größerer Anzahl die Predigten der nun fast in sämtlichen Nachbardörfern vorhandenen Geistlichen beinahe regelmäßig besuchten und daß die evangelische Lehre in sämtlichen Orten des Eichsfeldes fort und fort zahlreichere Anhänger gewann. [72] Barkfeld sagt in seiner Chronik: [73] „Nach dem Frieden zu Passau hat ein Pfarrer dem andern seine Concubine oder Köchin copuliert. Die Lutherische Religion ist auf dem ganzen Eichsfeld eingeführt und kein einziger Geistlicher, mit Ausnahme des zu Heuthen, bei seiner Religion geblieben".

Der Nachfolger des am 17. März 1555 aus diesem Leben geschiedenen Kurfürsten Sebastian, [14] der am 18. April erwählte Daniel Brendel von Homburg, war ein Mann weit klügeren und härteren Schlages, als sein Vorgänger. In jungen Jahren zu hervorragender Stellung berufen, ließ er durch sein Auftreten auf dem im Jahre seiner Erwählung stattfindenden Reichstage den thatkräftigen Herrscher ahnen, und seine Wünsche auf Wiederherstellung der Machtfülle der römischen Kirche deutlich erkennen. Kurfürst Daniel war aber zu klug, um nicht wahrzunehmen, daß ihm zur Erfüllung dieses Wunsches bei der sich mehr und mehr befestigenden Evangelisierung des Eichsfeldes und bei der nicht unbeträchtlichen Ausbehnung, die der Protestantismus auch in seiner Residenz Mainz und deren Umgebung gewonnen, die erforderliche Macht, sowie die gefügigen Diener, Laien wie Geistliche, fehlten. Wir sehen daher den Kurfürsten vom Beginn seiner Regierung an darauf bedacht, seinen Einfluß auf dem Eichsfelde möglichst auszudehnen, und seinen Beamten eine größere Einwirkung auf die Masse der Bevölkerung, auf die Hintersassen der Gerichtsherrn zu verschaffen, welche bisher von den kurfürstlichen Beamten fast unabhängig gewesen waren.

Die von ihm im Juli 1555 auf das Eichsfeld zur Entgegennahme der Huldigung entsandten Kommissarien forderten, auf seine Anordnung, nicht nur wie bisher die Geistlichkeit, die Städte und den Adel auf, zur Huldigung zu erscheinen, sondern verlangten, daß auch Abgeordnete der Hintersassen der drei genannten Stände zur Stelle seien, und daß Erstere, ebenso wie Letztere den Huldigungseid leisteten. Während die Geistlichkeit und wahrscheinlich auch die Städte, von denen nur Duderstadt wegen seines großen Gerichts=Bezirkes in Betracht kam, der gestellten Anforderung entsprachen, stieß dieselbe bei dem größten Teile der Ritterschaft auf entschiedenen Widerstand. Nach langen Verhandlungen ließen sich durch die Drohungen und das Zureden der Kommissarien bewogen, einige Adlige herbei, den Huldigungseid, wie verlangt wurde, gemeinsam mit den Abgeordneten ihrer Hintersassen am 22. Juli 1555 zu Duderstadt zu leisten. Der weit größere Teil der Adligen aber blieb bei seiner Weigerung, so daß die Kommissarien die Verhandlungen in Duderstadt abbrachen und die sich Weigernden mit der Weisung, ihre Hintersassen mit zur Stelle zu bringen, auf die folgenden Tage nach Heiligenstadt beschieden. Auch hier erschienen die Adligen ohne ihre Hintersassen, und obwohl ihnen die Kommissarien mit der Entziehung ihrer sämtlichen Pfand= und Lehngüter drohten, vermochten sie doch nur die Ableistung des bisher üblichen Huldigungseides, sowie das Versprechen zu erreichen, daß sie ihren Untertanen in Gegenwart der kurfürstlichen Räte die neue Eidesformel vorhalten und an ihrer Stelle den gebührenden Gehorsam geloben wollten. [75]) Kurfürst Daniel oder seine Kommissarien begnügten sich kluger Weise mit dem Erreichten und forderten nicht einmal, daß die neue Eidesformel den Hintersassen vorgehalten wurde. Dagegen wußte Kurfürst Daniel den unmündigen Gebrüdern von Wintzingerode gegenüber die Unsicherheit, die für sie in Beziehung auf den Pfandbesitz des Schlosses Scharfenstein und seiner großen Zubehörungen dadurch entstanden war, daß der Pfandbrief im Bauernkriege abhanden gekommen war, in sehr geschickter Weise zur Vergrößerung seines Einflusses zu benutzen. Bereitwilligst verstand sich Kurfürst Daniel zu der

von seinen Vorgängern Albrecht und Sebastian verweigerten Er=
neuerung eines Pfandbriefes, ließ aber die am 4. Februar 1550
ausgestellte Urkunde so klug abfassen, daß aus derselben weder
die Höhe des Pfandschillings, noch die Summe ersichtlich wurde,
welche die von Winßingerode für den zur Wiederherstellung des
1525 völlig zerstörten Schlosses gemachten Aufwand beanspruchten.
Er verstand es ferner, den beiden unmündigen Brüdern die von
ihnen bisher in sehr ausgedehntem Umfange geübte Schutzherr=
schaft über die beiden Klöster Beuern und Reifenstein durch die
Bestimmung zu entwinden, daß die von Winßingerode „sonderlich
was die Klöster Beuern und Reifenstein, die geistlichen Personen
und ihre Güter belangt, gar nichts zu thun haben" sollten. [76])

Während so Kurfürst Daniel sich auf einen Teil der Be=
wohner des Eichsfeldes größeren Einfluß verschaffte und der vielleicht
drohenden Säcularisierung der beiden Klöster vorbeugte, that er
doch während der ersten 10 Jahre seiner Regierung keinerlei auf=
fallende Schritte gegen die Evangelischen des Eichsfeldes, wie er
denn auch weder gegen sein zuchtloses Domkapitel noch gegen
seinen fast ganz protestantisch gewordenen Hof einschritt. [77]) Er
bestellte zwar im Jahre 1558 an Stelle des den Evangelischen
gewogenen Jost von Hardenberg, seinen Verwandten, Johann
Diger Brendel von Homburg, zum Amtmann des Eichsfeldes,
dieser aber ließ die evangelisch gewordenen oder den Evangelischen
geneigten Geistlichen unangefochten in ihren Aemtern und sah
ruhig zu, daß die protestantische Kirche sich mehr und mehr auf
dem Eichsfelde befestigte.

Am 24. Juli 1564 einigten sich die von Hanstein, unter
ihnen auch Probst Burgharb zu Gerbershausen unter Mitwirkung
mehrerer Freunde, sowie des „Pfarrherrn Joist Benen aus Witzen=
hausen" und des seit einiger Zeit an die Stelle des Pastor Lucas
(S. 30) getretenen „Andreas Wacker aus Deuna" über die den
evangelischen Geistlichen im Gericht Hanstein zu gewährende, für
die damalige Zeit recht ausreichende, Besoldung. [78]) Ob gleich=
zeitig ein engerer Anschluß der einzelnen Pfarreien untereinander
und die Unterstellung der Geistlichen unter eine kirchliche Ober=
behörde stattgefunden hat, ist nicht nachzuweisen, jedoch nicht un=
wahrscheinlich, da einige Jahre später wiederholt von einem „Han=

steinschen Superintendenten" die Rede ist, [79]) auch Kurfürst Daniel
mehrfach seine Entrüstung darüber aussprach, daß die Abligen
sich angemaßt hätten, Kirchenordnungen zu erlassen. Im
Jahre 1565 ward auf Anregung des Probstes Burghard in dem
genannten Dorfe Gerbershausen eine evangelische Schule „ange=
richtet". [80]) In demselben Jahre „wollten die von Hanstein, wie
es die Notturft erfordert, daran sein, daß dem Pfarrherrn zu
Höngandra ein Pfarrhaus zu dero Gemeinde-Kirchen-Besserung
erbaut werde, daß er bey den guten Leuten Wohnung habe". [81])
Um dieselbe Zeit besetzte Probst Burghard die Pfarrstelle in
Birkenfelde, einem Hansteinschen Gerichtsdorfe, über welches dem
Martinsstifte das Patronatsrecht zustand, mit Valentin Scheffer
(oder Schäfer), einem evangelischen Geistlichen. [82]) In gleicher Weise
scheint der Probst in Ershausen vorgegangen zu sein. Als einer
seiner Nachfolger, der Probst Georg Doren, im Jahre 1568 diese
Pfarrstelle neu besetzte, forderte er von dem neuen Pfarrer Johann
Kniege oder Gnüge das schriftliche Versprechen, daß er nach der
Lehre der katholischen Kirche predigen wolle, welche Forderung
wohl kaum gestellt worden wäre, wenn nicht in dem genannten
Orte früher evangelischer Gottesdienst stattgefunden hätte. Diese
Vorsicht des Probstes hatte nicht den gewünschten Erfolg. Kniege
bekannte sich alsbald nach seiner Anstellung — ob aus eigenem
Antriebe, oder ob von der protestantischen Mehrheit gedrängt —
offen zum evangelischen Glauben. Er wurde durch den erzbi=
schöflichen Kommissar vertrieben und fand in dem benachbarten Dorfe
Groß-Töpfer durch die von Hanstein wieder als Geistlicher An=
stellung. [83]) In Heiligenstadt, dessen Pfarrer sämtlich mehr oder
weniger von dem Stiftsprobste abhingen, fiel trotz der Bemühungen
des Dechanten Wilhelmus und des Kommissarius Kindervater,
welche beide daselbst wohnten, im Jahre 1556 die hergebrachte
Prozession am Aureus= und Justinus=Tage völlig aus, und wahr=
scheinlich zu derselben Zeit nahmen zwei evangelische Geistliche
die später (1580) den Jesuiten eingeräumte Marien=, sowie die
Aegidien=Kirche ein, wo sie „einen ganz neuen Gottesdienst ein=
führten". [84])

In Duderstadt erfolgte die öffentliche Verkündigung der evan=
gelischen Lehre nachweislich am spätesten. Hier predigte zuerst

„an unserer lieben Frauen Empfangnußtage — 8. Dezember —
1556", in der vor dem Steinthore gelegenen kleinen Kapelle zum
heiligen Geist, der evangelische Geistliche aus dem benachbarten
unter der Hoheit des Grafen von Honstein stehenden, „Bertold
von Winzingerode zuständigen Dorfe Tastungen und reichte 50
und mehr Bürgern das heilige Abendmahl unter beiden Ge=
stalten".[85] Die katholischen Geistlichen der Stadt trugen den
Verhältnissen Rechnung. Der anscheinend verheiratete Georg Strael
teilte, vielleicht schon vor 1556, „um den gemeinen Mann an
sich zu ziehen, die Kommunion unter beiden Gestalten aus", der
Andere, Nicolaus Veilmering, „hatte einen lutherischen Diakon
angenommen und die alten Kirchenzerimonien abgeschafft". Hätten
sich die katholischen Geistlichen nicht in dieser Weise den Wünschen
der Bevölkerung entgegenkommend gezeigt, so würden die Bürger
„wieder aufs Land in die Kirchen gelaufen sein".[86] Im Jahre
1559 hatte der Rat bereits einen evangelischen Geistlichen, wahr=
scheinlich Conrad Graf, den früheren Hofprediger des Grafen
Eberwein von Honstein, angestellt, welchen er, den Befehl des
Kurfürsten Daniel nicht achtend, fortzuschaffen sich weigerte. Die
Bewohner der in der Umgegend von Duderstadt belegenen Dörfer
dürften zu dieser Zeit sämtlich evangelisch gewesen sein, waren
doch „alle Pfarreien, wo der einheimische Abel, einige Fremde ...
auch fremde Herrschaften ... das Patronatsrecht hatten, mit luthe=
rischen Pastoren besetzt".[87] Unter diesen Geistlichen nahm Caspar
Schmidt, welcher der Sitte der Zeit folgend, sich Gasparus Faber
nannte, zu Teistungen eine etwas hervorragende Stellung ein.[88]
Schmidt kam erst nach dem Jahre 1562, wohl nicht als der erste
evangelische Geistliche, auf Berufung der Vettern Wilhelm und
Heinrich von Westernhagen, nach Teistungen, dessen Kirche unter
dem Patronate des Klosters Teistungenburg stand. Schmidt,
welcher aus Melrichsstadt gebürtig, bereits in Harzgerode und
Güntersberge am Harz Geistlicher gewesen und von dort, wahr=
scheinlich seiner Flacianischen Richtung halber, vertrieben worden
war, hatte noch unter Luther in Wittenberg studiert und stand
zu Anton Corvin, den er seinen Lehrer nennt, in näheren Be=
ziehungen. Seine Thätigkeit blieb nicht auf Teistungen beschränkt.
Abgesehen davon, daß er in anderen, dem Gerichtsbezirke der von

Westernhagen angehörigen Dörfern predigte, scheint er so ziemlich bei sämtlichen Geistlichen der Umgegend als Berater gewirkt zu haben. Wenn es ihm auch nicht gelang, die evangelischen Nach= bargemeinden in Hundeshagen, Ecklingerode, Berlingerode, Nessel= reben u. s. w. zu einem Verbande zu vereinigen, so ist doch sein Einfluß ein so großer gewesen, daß er später von Kurfürst Daniel als „der fürnehmste der Prädikanten" bezeichnet werden konnte. Schmidts Gönner, Wilhelm und Heinrich von Westernhagen, nahmen in der Umgegend ihres Wohnortes eine ähnliche Stellung ein, wie Lippold von Hanstein für das Hansteinsche Gericht. Der erst Genannte wurde nicht nur von Schmidt, sondern auch von dem bekannteren Mühlhäuser Superintendenten, Ludwig Helm= bold, als Kämpfer für die evangelische Sache in schwungvollen Versen gefeiert. [89]) In dem hart bei Teistungen gelegenen Dorfe Berlingerode hatte Hans von Westernhagen den Geistlichen Wolf= gang Mumpel, welchen er eine Zeit lang als Lehrer in sein Haus genommen, vor 1569 gegen das Versprechen angestellt, daß er mit „den ufrorischen Pfaffen zu Teistungen und Hundeshagen Nichts zu schaffen haben wolle". Mumpel erbat und erhielt, nachdem er sein Versprechen gebrochen, auf die Vorbitte Erichs von Hardenberg seine Entlassung. Hans von Westernhagen ver= ehrte ihm „zum Abschied" noch 3 Malter Roggen und gestattete ihm, am folgenden Sonntage eine Abschieds=Predigt zu halten. Mumpel benutzte diese Predigt, um Hans v. W. von der Kanzel herab anzugreifen, weshalb sich Letzterer am anderen Morgen in die Pfarrei begab, um Mumpel zur Rede zu setzen. Dieser bat, Hans möge ihn, da er seinen Abschied habe, „nicht schlan", son= dern in Frieden ziehen lassen. Dies geschah, Mumpel begab sich nach Teistungen zu Hanse's „widderwertigen Vettern", den oben= genannten Wilhelm und Heinrich v. W., und diese, welche das Patronatsrecht über Berlingerode ebenfalls in Anspruch nahmen, führten Mumpel „mit gewaffneter Hand, mit Spießen und Bu= kessen" wieder in sein Pfarramt und seine Kirche ein, an welcher er noch 1575 thätig war. [90]) Diesen Vorfall hat J. Janssen be= nutzt, um die Behauptung zu begründen, „daß im Eichsfelde ein Teil des Adels den Ortschaften, in denen er Patronatsrechte hatte, Prädikanten aufzwang", und „daß an manchen Orten das neue

Evangelium mit Spießen und Büchſen eingeführt wurde".[91]) Daß
dieſe Behauptung eine irrige, dürfte aus dem bisher Gesagten klar
hervorgehen. Die wenigen noch vorhandenen katholiſchen Geiſt=
lichen fügten ſich dem allgemeinen Verlangen der geſamten Be=
völkerung, gaben die den Evangeliſchen anſtößigen Formen des
Gottesdienſtes auf und ſchloſſen ſich entweder den Evangeliſchen
an, oder machten Geistlichen dieſer Confeſſion Plaß. Leßtere
drangen sogar bis in die Klöſter. So befand ſich 1565 im
Kloſter Annrode ein proteſtantiſcher Geistlicher, der eines derartigen
Rufes genoß, daß die Stiftsherren zu Frißlar das genannte Kloſter,
ſowie den Probſt Burghard zu Heiligenſtadt baten: „den Präbi=
kanten Wilhelmus zu Annrode zu vermögen, daß er ſich auf ihre
Koſten nach Frißlar begebe und ſich dort ſehen und hören laſſe".
Da dieſem Wunſche nicht ſchnell genug entſprochen wurde, ſo
wiederholten ihn die Frißlarer Stiftsherren in einem am 11. März
1565 an den genannten Probſt gerichteten Schreiben.[92])

Faſt ſchien es, als ob Kurfürſt Daniel ſeine evangeliſchen
Unterthanen auch ferner in der Ausübung ihres Glaubensbe=
kenntniſſes nicht hindern werde, und bei gar Manchem mag ſich
die Anſicht befeſtigt haben, daß „Jedermann glauben könne,
was er wollte".[93]) Ein aufmerkſamer Beobachter konnte indeſſen
ſchon damals aus einzelnen Vorkommniſſen erkennen, daß Kur=
fürſt Daniel mit klugem Vorbedacht recht frühzeitig Vorbereitungen
traf, um den Kampf mit ſeinen evangeliſchen Unterthanen beginnen
zu können, und daß er nur deshalb noch nicht in dieſen Kampf
eintrat, weil jene Vorbereitungen noch nicht beendet waren. Der
junge Orden der Jeſuiten, welcher nicht zaghaft in der Wahl
ſeiner Mittel, überall wo er auftrat, große Erfolge in der Unter=
drückung jeder den römiſchen Anſchauungen entgegenſtehenden
Meinungsäußerungen erzielte, hatte, nachdem er in Deutſchland
in dem König Ferdinand I. und dem Herzog Albrecht V. von
Bayern die erſten Gönner gefunden, auch in den Reſidenzen der
rheiniſchen Erzbiſchöfe ſich Zutritt zu verſchaffen gewußt. Nach
dem Vorgange von Köln und Trier errichtete ihnen der Kurfürſt
Daniel im Jahre 1561 ein Kollegium in Mainz und beſeßte
auch die Lehrerſtellen an der daſelbſt von dem Erzbiſchof Albrecht
geſtifteten Akademie mit Jeſuiten.[94]) Jenes Kolleg ſollte die

Stätte werden, an der für den Kurfürsten Daniel die Werkzeuge
herangebildet wurden, deren er bedurfte, um der römischen Hie=
rarchie in seiner Diöces wieder zur Herrschaft zu verhelfen.

Alsbald nach der Gründung des Jesuiten=Kollegs zu Mainz
begann der erzbischöfliche Kommissar Kindervater eine bis dahin
ungewohnte Aufsicht über die wenigen katholischen Geistlichen zu
üben, welche sich in einzelnen Orten des Eichsfeldes erhalten, oder
denen es durch eine besondere Gunst der Umstände gelungen war,
sich in bisher evangelischen Orten festzusetzen. Diesen Geistlichen
wurde im Jahre 1562 befohlen, die auf Stiftungen beruhenden
Messen wieder zu lesen, was an vielen Orten völlig außer Ge=
brauch gekommen. Einzelne Geistliche waren infolge dieses Be=
fehls genötigt „in einer Woche vier und mehr solcher Messen zu
lesen, damit etzliche Jahre erfüllt wurden". Freilich waren die
Bemühungen des Kommissarius, die Pflichtigen zur Entrichtung
der zum Lesen der Messen bestimmten Gelder anzuhalten, trotz
Anrufung des Beistandes des Amtmanns und trotz der Andro=
hung der Exkommunikation, nicht immer erfolgreich. [95])

Probst Burghard von Hanstein wurde 1565 gezwungen, auf
die Probstei des Martinsstiftes zu resignieren. Ende 1570 oder
zu Anfang des folgenden Jahres wurde der evangelische Geistliche
aus Rengelrode, welcher sich anscheinend wenigstens seit 1547
daselbst befand (S. 24), mit Gewalt vertrieben. [96])

An die Spitze des sehr gefährdeten (S. 14) Petersstiftes zu
Nörten wurde am 20. April 1571 der frühere Notar Heinrich
Bunthe gestellt. Ihm gelang es, die Stiftsherrn zu bewegen,
daß sie nicht dem Beispiele des früheren Dechanten Mundemann
folgten, nicht völlig mit der römischen Kirche brachen. Von
Bunthe's Thätigkeit wird noch viel die Rede sein. Hier und da
suchte die katholische Geistlichkeit das Begräbnis Evangelischer in
geweihter Erde zu verhindern. [97])

Zu jener Zeit waren in sämtlichen Orten des Eichsfeldes
Protestanten vorhanden, an den meisten Orten bildeten sie die
Mehrzahl, ja an recht vielen Orten waren sie die alleinigen Be=
wohner. Nur sehr wenige Kirchspiele entbehrten der evangelischen
Geistlichen, ja es befanden sich solche an mehreren Orten, die
weder früher noch später Wohnsitz eines Geistlichen waren. Diese

große Menge von Protestanten hatte sich aber nicht zu vereinigen
gewußt, die Gemeinden standen vereinzelt neben einander, ja viele
waren in ihrem Umfange nicht genau begrenzt, fast sämtliche
entbehrten einer Vertretung. Eine Organisation der evangelischen
Kirche war auf dem Eichsfelde nicht erfolgt. Nur die fünf das
Gericht Bodenstein oder Winzingerode bildenden, jetzt zum Eichs-
felde gehörigen, damals aber noch der Hoheit der Grafen von
Honstein allein unterworfenen Gemeinden waren dem von den
genannten Grafen errichteten Kirchenregimente eingefügt worden.
Graf Ernst V. von Honstein, der seit 1530 die verschiedenen kleinen
Gebiete: Honstein, Lohra, Clettenberg, Scharzfeld, Allerberg und
Bodenstein allein regierte, hing zwar noch fest am Papsttum, er
hatte aber nicht zu verhindern vermocht, daß die evangelische
Lehre in die meisten Orte seiner Herrschaft eindrang, und daß
sich sein eigner Hofprediger Wenemann offen zu dieser Lehre bekannte. Ja Graf Ernst V. mußte zugeben, daß durch förmlichen
Beschluß vom 31. März 1546 die Messe, die Weihungen und
andere katholische Gebräuche in seinen sämtlichen Gebieten abgeschafft wurden. 98) Zum vollständigen Siege gelangte die Reformation in den Honsteinschen Gebieten erst nach dem im Jahre
1552 zu Schloß Scharzfeld erfolgten Tode Ernst V. unter der
Regierung seiner Söhne, der Grafen Volkmar Wolfgang, Ernst VI.
und Eberwein.

Die von den drei genannten Brüdern am 27. März 1556
aus ihren sämtlichen Gebieten nach Kloster Walkenried zusammen-
berufenen Mitglieder der Ritterschaft und der Städte, der Pfarrherrn und Kirchendiener (Lehrer) beschlossen einmütig, an dem
längst beobachteten Augsburgischen Glaubensbekenntnisse unver-
brüchlich festzuhalten. Daß an jener Versammlung zu Walkenried
Berthold von Winzingerode, der von den Lehnbesitzern des
Bodenstein damals allein volljährig war, teilgenommen, ist ebensowenig nachzuweisen, wie die Teilnahme der damals im Bodensteiner
Gericht vorhandenen beiden Geistlichen, Augustin zu Ohmfeld und
Ehrhart Müller zu Tastungen. Da jedoch fest steht, daß der
evangelische Geistliche in Tastungen am 8. Dezember 1556 in
Duderstadt Gottesdienst hielt (S. 35), so dürfte anzunehmen sein,
daß die Beschlüsse jener Versammlung auch in diesem Gerichte zur

Geltung gekommen sind. Die Sage erzählt, daß bereits 1530 auf dem Bodenstein ein evangelischer Geistlicher geprebigt habe. Die bisherige Annahme, daß Berthold von Winzingerode die Reformation in diesem Gebiete eingeführt habe,[99] findet in der ohnmächtigen Stellung des Grafen von Honstein Berthold gegenüber, sowie darin einigermaßen ihre Erklärung, daß die katholischen Schriftsteller, bei denen sich jene Angabe zuerst findet, ein Interesse dabei hatten, die Thätigkeit des Grafen von Honstein möglichst zurücktreten zu lassen, damit das Gericht Bodenstein schon damals nicht als zur Herrschaft dieser Grafen gehörig, sondern als ein Teil des Mainzischen Eichsfeldes erscheine. Berthold hatte sich in völliger Auflehnung gegen seinen Landes- und Lehnsherrn eine so große Selbständigkeit zu erringen gewußt, daß der Einfluß des Grafen von Honstein auf die Bewohner des kleinen Gebiets vollständig zurücktrat, und daß Berthold ihnen, sowie seinen Nachbarn gegenüber als thatsächlich regierender Herr erschien. Erkenntnisse und Befehle, die von dem damals alleinregierenden Grafen Volkmar Wolfgang[100] — welcher hinfort nur mit dem ersten Namen bezeichnet werden wird — in verschiedenen Erbschafts- und Grenzstreitigkeiten gegen Berthold ergingen, fanden bei ihm nicht die geringste Beachtung. Er verjagte, obwohl er selbst in dem Dorfe Reinholterobe, woran er Anteil hatte, gemeinsam mit den von Westerhagen einen evangelischen Geistlichen angestellt,[101] den von dem Grafen Volkmar in Tastungen eingesetzten oben genannten Pastor Ehrhart Müller im Jahre 1567 aus dieser Stelle, und ging, nachdem Graf Volkmar den Müller am 9. Dezember des gedachten Jahres wieder als Geistlichen für Tastungen und Wehnde eingesetzt hatte,[102] nochmals gegen diesen Pastor vor, so daß Graf Volkmar genötigt war, zu den Waffen zu greifen.

Der von diesem am 7. April 1568 gemachte Versuch, sich des Schlosses Bodenstein durch nächtlichen Ueberfall zu bemächtigen, mißlang gänzlich und ließ klar erkennen, daß Berthold, welcher in die Grumbachschen Händel verwickelt,[103] über eine ziemliche Anzahl von Gewaffneten verfügte, seinem Lehnsherrn an Macht völlig gewachsen, ja vielleicht überlegen war.[104] Um die Herrschaft über das kleine Gebiet nicht gänzlich zu verlieren, war Graf

Volkmar, welcher durch den Tod seiner beiden Brüder alleiniger
Regent geworden, gezwungen, sich nach Beistand umzusehen. Er
wandte sich aber dieserhalb ebensowenig an die ihm glaubensver=
wandten benachbarten Fürsten, den Kurfürsten von Sachsen oder
den Herzog von Braunschweig, wie an die ihm erbverbrüderten Grafen
von Schwarzburg und Stolberg. Die beiden Ersteren zu Hülfe
zu rufen, vermied er, sei es, daß er gegen sie wegen ihrer Ein=
mischung in seine Regierung zu sehr erbittert war,[105] sei es, daß
er, vielleicht nicht ohne Grund, annahm, Berthold werde in seinem
Widerstande gegen ihn von diesen Fürsten unterstützt, oder sei es,
daß er befürchtete, seine evangelischen Nachbarn möchten die Ge=
währung ihres Beistandes an Bedingungen knüpfen, welche er
denselben zuzugestehen nicht Willens war. Dagegen ging er den
Kurfürsten von Mainz, trotz der vielen Grenzstreitigkeiten, die er
auch mit ihm hatte, wahrscheinlich persönlich im Jahre 1570 zu
Aschaffenburg um Hilfe an, ohne zu bedenken, daß diese Hilfe
ebenfalls nicht ohne Entgelt gewährt werden würde.

Kurfürst Daniel war sehr viel daran gelegen, einen möglichst
großen Einfluß auf die Angelegenheiten im Gericht Bodenstein
zu gewinnen und dasselbe womöglich an sich zu bringen, da ge=
rade damals die Herzöge Ernst Wolfgang und Philipp von Braun=
schweig=Grubenhagen auf die in der nächsten Nähe dieses Gerichts
gelegene von ihm zum Eichsfelde gerechnete und ihm unterworfene
Mark Duderstadt — die goldene Mark — Anspruch erhoben und
bei dem Reichskammergericht geltend gemacht hatten.[106] Kurfürst
Daniel ließ sich jedoch, als Graf Volkmar als Hilfesuchender bei
ihm erschien, nicht merken, wie wünschenswert es ihm war, in
die Händel des Grafen mit Berthold einzugreifen, sondern wußte
die durch den steigernden Uebermut Bertholds mehr und mehr
wachsenden Verlegenheiten des Grafen durch langes Verzögern
der erbetenen Hilfe meisterhaft zu seinem Vorteile zu benutzen.
Erst nach Jahre langen Verhandlungen kam zwischen den Be=
vollmächtigten des Kurfürsten und des Grafen am 1. April 1573
zu Bleicherode ein Vertrag zustande, wonach sich der Graf u. a.
verpflichten sollte, „das Schloß Bodenstein mit aller Zubehör als
ein Stück des Eichsfeldes dem Kurfürsten zum Obereigentum zu
übergeben, um es alsbald nach geschehener Uebergabe als Lehen

zurückzuempfangen und dafür den Kurfürsten als seinen rechten Lehnsherrn zu erkennnen. [107]

In diesem Vertrage, dessen Genehmigung beiden Fürsten vorbehalten wurde, ward der einzigen Gegenleistung des Kurfürsten für die von dem Grafen übernommenen Verpflichtungen, der Unterwerfung Bertholds, mit keinem Worte gedacht, und doch hatte sich Graf Volkmar nur unter der Voraussetzung des Beistandes des Kurfürsten gegen Berthold zum Abschluß des Vertrages verstanden. [108] Die Zugeständnisse des Grafen Volkmar genügten indessen dem Kurfürsten Daniel noch nicht. Graf Volkmar war nicht imstande Bertholds Uebergriffen einigermaßen zu steuern, mußte er doch seine Unterthanen, Bertholds eigene Vettern noch am 29. Juli 1573 damit vertrösten: „daß sie in Geduld des ferneren Schutzes erwarten möchten, er stehe in teglicher Hoffnung, Gott werde den thetlichen Handlungen Bertholds ·nicht lenger zusehen“. [109] Er war daher genötigt, dem Kurfürsten Daniel in einem wahrscheinlich im November abgeschlossenen Vertrage noch weitere Rechte einzuräumen. Dieser Vertrag ist niemals zum Vorschein gekommen, vielleicht deshalb nicht, weil in demselben nicht nur die Gegenleistungen des Kurfürsten, besonders sein Versprechen „die Bewohner des Gerichts Bodenstein in Ausübung des evangelischen Bekenntnisses nicht beunruhigen zu wollen“, [110] sondern auch das Versprechen des Grafen enthalten war, das Schloß Scharzfeld ebenso wie den Bodenstein an Mainz abzutreten. Nach dem Erlasse des Kurfürsten Daniel vom 24. November 1573 [111] zu urteilen, müssen in dem Vertrage die thatsächlichen Verhältnisse in geradezu wahrheitswidriger Weise dargestellt worden sein, da nach diesem Erlasse es sich um Beseitigung der zwischen dem Kurfürsten und dem Grafen schwebenden Streitigkeiten „wegen der Jurisdiktion, Hoch= und Obrigkeit in und über das Schloß Bodenstein“ gehandelt haben soll, von denen, seit die Grafen von Honstein (gegen Ende des 13. oder zu Anfang des 14. Jahrhunderts) in den Besitz des Schlosses gelangt waren, nicht eine einzige Urkunde Nachricht giebt, während so viele über die zahlreichen Grenzstreitigkeiten des Kurfürsten und des Grafen erhalten sind. Wie dem auch sein mag, soviel steht fest, daß der Graf nicht nur das Gericht Bodenstein unter

der Voraussetzung der Belehnung mit demselben dem Kurfürsten
zu übergeben versprach, sondern auch zu Gunsten des Letzteren
auf die an jenes Gericht angrenzenden Dörfer Holungen und
Bischoferode, sowie auf die Verfolgung seiner Ansprüche an dem
Flecken Neustadt verzichtete.

Durch den Erwerb dieser Orte, die sich keilförmig in das
Mainzer Gebiet hinein schoben, hatte der Kurfürst dasselbe in
der vorteilhaftesten Weise abgerundet, und gleichzeitig durfte er
hoffen, in dem Bodenstein einen festen Platz zu gewinnen, von
dem aus er den obengedachten Ansprüchen der Herzöge von Braun=
schweig auf die Mark Duderstadt mit Nachdruck begegnen konnte.
Vor allem aber hatte Kurfürst Daniel den Vorteil erlangt, unter
dem Vorwande, den sich gegen seinen Landes= und Lehnsherrn
im Aufruhr befindenden Berthold von Winzingerode bestrafen zu
wollen, eine starke Macht auf dem Eichsfelde zu versammeln und
diese Macht zur Durchführung des sorgsam vorbereiteten Planes
der Rekatholisierung des Eichsfeldes zu benutzen. Fehlte es auch
dem Kurfürsten trotz aller Fürsorge noch sehr an brauchbaren
katholischen Geistlichen, so ließ ihn doch die Aufforderung des
Papst Gregor XIII., mit der Ausrottung der Ketzer in seinem
Gebiete vorzugehen, die ihm der Jesuit Caspar Gropper im Juni
1573 überbracht hatte, nicht länger zaudern. [112]) Außerdem war
es dem Scharfblicke Daniels sicher nicht entgangen, daß trotz der
Erregung, welche die Evangelischen infolge der blutigen Bartholo=
mäus Nacht ergriffen hatte, der gegenwärtige Zeitpunkt seinen
Bestrebungen zur Wiederherstellung der römischen Hierarchie äußerst
günstig war.

Nachdem die evangelischen Fürsten Deutschlands auf dem
Tage zu Naumburg 1561 den Versuch gemacht hatten, den unter
den Theologen herrschenden Zwiespalt durch nochmalige Unter=
zeichnung der Augsburgischen Konfession zu überbrücken, wurde
der konfessionelle Streit nur noch verschärft durch den Uebertritt
des Kurfürsten Friedrich III. von der Pfalz zu dem Kalvinismus.
Die evangelischen Theologen haderten unter einander nicht minder,
ja vielleicht noch mehr als mit den Katholischen und schleuderten
mit demselben unchristlichen Eifer, wie der Papst, das Anathem
gegen Andersgläubige. Und nicht die theologischen Gegensätze allein

sondern auch dynastische und politische Rücksichten hinderten den einen und den andern Fürsten, für die Interessen des Protestantismus entschieden einzutreten, und dies zu einer Zeit, da die katholische Partei innerlich erstarkt, das Werk der Restauration begann.

Als einzelne katholische Fürsten, der Bischof von Paderborn, der Abt zu Fulda und Andere, ihre evangelischen Unterthanen mit Gewalt zur römischen Kirche zu bekehren suchten, fanden zwar einzelne evangelische Fürsten den Mut, ein Fürwort für ihre Glaubensverwandten einzulegen, aber konfessionelle und politische Gegensätze, Lauheit, Eigennutz und Eifersucht ließen es nicht dazu kommen, daß die Protestanten sich in ihrer Gesamtheit nachdrücklich ihrer Glaubensgenossen annahmen. [113])

Kurfürst Daniel durfte daher, nachdem er seine Macht auf dem Eichsfelde wesentlich erweitert und durch die Jesuiten sich, wenn auch nur einige, wenig bedenkliche und fanatische Gehilfen herangezogen, mit ziemlicher Sicherheit annehmen, daß er gegen die evangelischen Eichsfelder in derselben Weise wie der Abt von Fulda und andere ungestört vorgehen und etwaige Proteste evangelischer Fürsten als ungefährlich unbeachtet lassen könne. —

II. Die Gegenreformation vom Jahre 1574 bis zum Tode des Kurfürsten Daniel von Mainz (21. März 1582).

In den ersten Tagen des Monats Juni 1574 traf Kurfürst Daniel von Mühlhausen aus, wo er mit Kurfürst August von Sachsen sich über die Wahl des Erzherzogs Rudolf zum Nachfolger seines Vaters Maximilian II. verständigt hatte, [1]) auf dem Eichsfelde in Heiligenstadt ein. Mit ihm kam ein zahlreicher Hofstaat, verschiedene Geistliche, unter ihnen 2 Jesuiten, der Provinzial der rheinischen Provinz, Pater Thyreus und sein Beichtvater, Pater Bacharell, sowie eine starke Söldnerschar, deren Zahl spätere Nachrichten auf 2000 Mann angeben. [2]) Unzweifel-

haft lag es in der Absicht des Kurfürsten, durch die Entfaltung
von Macht und Pracht den Bewohnern des Eichsfeldes, welche
ihren Landesherrn seit länger als 30 Jahren nicht gesehen, zu
imponieren.[3]) Wesentlich zur Erreichung dieser Absicht diente es,
daß infolge vorgängiger Verabredung Graf Volkmar von Honstein,
von einem Teile seiner Vasallen geleitet, fast gleichzeitig mit dem
Kurfürsten, sich in Heiligenstadt einfand, das Schloß Bodenstein
ihm übergab, um am 7. Juni die feierliche Belehnung mit demselben zu empfangen. An demselben Tage, an dem diese Belehnung erfolgte, ernannte der Kurfürst den Lippold von Stralendorf
der in seiner Begleitung nach Heiligenstadt gekommen war, an
Stelle des kurz zuvor oder bald nachher verstorbenen Caspar
Berlepsch zum Amtmann des Eichsfeldes. Stralendorf war ein
Mecklenburger Edelmann, welcher 1562 bei der Rostocker Universität immatrikuliert worden war. Er hatte sich bald nach
Beendigung seiner Studien in einer Prozeßsache seines Vaters nach
Speier und Mainz begeben,[4]) wo er, durch den Jesuiten Auer
bewogen, den evangelischen Glauben verließ. Als junger Katholik
war er von einem Fanatismus beseelt, wie er Konvertiten so oft
eigen zu sein pflegt. Der Lohn seines Uebertrittes zur römischen
Kirche war seine Ernennung zum Amtmann und die Hand der
Magdalene von Dernbach, einer Schwester des ebenfalls von
protestantischen Eltern geborenen Abtes von Fulda. Diese Verbindung war geeignet, ihn noch mehr an die katholische Sache
zu fesseln.

Auf Anordnung des Kurfürsten ging Stralendorf bald nach
seiner Ernennung zum Amtmann gegen Berthold von Winzingerode mit Waffengewalt vor, da dieser, nachdem er, Subvasall des
Kurfürsten geworden, die Vorladungen und Befehle seines nun-
mehrigen Oberlehnsherrn ebenso unbeachtet ließ, wie früher die
des Grafen von Honstein. Berthold ließ sich in schwer begreif-
licher Ueberschätzung seiner Kräfte, vielleicht auf den Beistand der
Herzöge von Braunschweig hoffend,[5]) in einen offenen Kampf
ein, der alsbald mit seiner Gefangennahme endete. —

Es war eine besondere Gunst des Schicksals, daß Kurfürst
Daniel seine Macht zuerst gegen einen Mann zu erproben vermochte, der zwar der Eichsfelder Ritterschaft angehörte, von keinem

seiner Standesgenossen aber irgend welchen Beistand zu erwarten
hatte, da er fast mit Jedem derselben in Fehde gelegen. Dann
aber bot die übelbeleumdete Person Bertholds dem Kurfürsten
auch die erwünschte Gelegenheit, den eigentlichen Zweck seiner
Anwesenheit und der Ansammlung einer so großen Truppenmacht
auf dem Eichsfelde zu verdecken und wiederholt zu versichern, daß
lediglich die Notwendigkeit, seinen Befehlen Gehorsam zu ver=
schaffen, ihn mit einer so „starken Bedeckung" auf das Eichsfeld
geführt. Durch die Gefangennahme Bertholds, sowie durch die
unmittelbar nach dem Eintreffen des Kurfürsten [in Heiligenstadt
erfolgte Verjagung der dortigen Geistlichen, die ihn nicht als ihren
kirchlichen Vorgesetzten betrachteten und ihm deshalb den Gehorsam
verweigerten, wurde nicht nur der Ritterschaft, sondern auch der
gesamten Bevölkerung ein den Zwecken des Kurfürsten sehr förder=
licher Schrecken eingeflößt. Man mußte fürchten, daß der Kur=
fürst jeden, der ihm Widerstand leistete, in gleicher Weise behan=
deln werde. Diese Furcht wußte Daniel noch dadurch zu vergrößern,
daß er die Bestrafung Bertholds, die selbst nach dem Erlasse vom
24. November 1573 dem Grafen von Honstein zustand, nicht
diesem überließ, sondern Berthold nach Mainz zu schaffen befahl.
Dort wurde ihm wegen des an einem Förster Geilhaus begangenen
Todschlags der Prozeß gemacht, und am 16. September 1575
wurde er öffentlich auf dem Markte zu Mainz mit dem Schwerte
hingerichtet. Von den Mitgliedern der Ritterschaft, welche sich,
während der Kurfürst auf dem Eichsfelde Hof hielt, fast sämtlich
bei ihm eingefunden hatten, mochten nur wenige ahnen, daß der
Besuch des Kurfürsten weniger der Bestrafung Bertholds und
der angeblichen Aufrührer in Heiligenstadt, als der Ausrottung
der evangelischen Lehre galt.

Diese Wenigen wußte Daniel durch seine scheinbare Leutselig=
keit an der Richtigkeit ihrer Vermutungen irre zu machen, ging
doch Daniel so weit, mehreren Mitgliedern der Ritterschaft die
ausdrückliche, ihm später wiederholt vorgehaltene und nie von ihm
bestrittene Zusicherung zu geben, daß er ihre herkömmlichen Rechte
in keiner Weise beeinträchtigen, „ihnen in innerlichen Gewissens=
sachen ein gnädiger Herr sein", „die Gewissen frei und unbeschwert
lassen wolle."

Nur in Heiligenstadt scheint die Verjagung der Geistlichen und das Verlangen, daß die Predigten des Jesuiten Thyreus von den Bürgern besucht werden sollten, einen durch Waffengewalt schnell beseitigten Widerstand hervorgerufen zu haben. Als eine Folge dieses Widerstandes dürfte die Anordnung des Kurfürsten zu betrachten sein, daß die Heiligenstädter Ratsherrn, welche übrigens in ihren Aemtern blieben, in Zukunft ihrem Amtseide die Versicherung hinzufügen sollten „den Ordinarien (ordentlichen Beamten) des Kurfürsten in geistlichen und weltlichen Sachen gehorsamen, auch die gegebenen oder noch ergehenden Satzungen halten oder befördern zu wollen". Eine Bestimmung, durch welche „den protestantischen Bürgern der Zutritt in den Rat ferner versagt werden sollte", und welche den Kreis der zu Ratsherrn geeigneten Personen unendlich beschränkte, da noch 1575 „nur 12 angesehene Bürger ihre Ostern nach katholischem Brauche hielten".[6]

Behutsamer ging Kurfürst Daniel in Duderstadt, wohin er sich ebenfalls persönlich begab, vor. Auch dort verjagte er zwar die evangelischen Geistlichen, aber als er den Mag. Gabriel Schilling zum Pfarrer dieser Stadt bestellte, bedeutete er den Rat: „wenn er an Schilling und seinem Lebenswandel etwas auszustellen haben würde, so möchte er es ihm anzeigen, auch sei er nicht gemeint, jemanden wider sein Gewissen zu beschweren, noch mit Gewalt zu zwingen".[7]

Das, wie oben erwähnt, gänzlich erstorbene Leben in den Klöstern suchte Daniel dadurch wieder zu wecken, daß er die Leitung der Klöster in die Hand von Geistlichen legte, deren unbedingter Gehorsam gegen die Befehle der römischen Kirche außer allem Zweifel stand, und von denen, bezeichnend genug, kein Einziger vom Eichsfelde stammte oder aus einem Eichsfelder Kloster hervorgegangen war. So erhielt Anton Figulus, welcher sich im Gefolge des Kurfürsten befunden, die Probstei des Klosters Teistungenburg, an die Stelle des Probstes Sommerbach in Annrode trat David Böddener, ein Convertit, der seinem Vorgänger nicht Böses genug nachsagen konnte.[8] Kloster Gerode blieb dem bisherigen Abte Rombald Collard von Linden, einem Vlamländer, Reifenstein dem Heinrich Bartel anvertraut, welcher aus dem Peters-Kloster zu Erfurt dorthin berufen war.

Wie der Kurfürst die höchste weltliche Gewalt auf dem Eichsfelde in die Hände des Fanatikers Stralendorf gelegt hatte, bestellte er zum obersten geistlichen Beamten, zum erzbischöflichen
Kommissarius, den Probst des Peterstiftes zu Nörten, Heinrich
Bunthe (S. 33). Von demselben Hasse gegen den Protestantismus
wie Jener beseelt, hatte Bunthe in Nörten den Beweis geliefert,
daß er im Sinne des Kurfürsten zu reformieren verstehe. Als
Daniel das Nörtener Stift besuchte und Bunthe persönlich kennen
lernte, bedachte er ihn reichlich mit Pfründen. Auch als Kommissarius blieb der Günstling des Kurfürsten Probst des Nörtener
Stifts und erhielt außerdem das einflußreiche Dekanat am Martinsstifte zu Heiligenstadt und endlich noch ein Kanonikat an
diesem Stifte, auf das Andreas Kennemann, wahrscheinlich von
Daniel genötigt, verzichtet hatte. Kaum war Bunthe zum Kommissar ernannt, als am 21. Juni der Pastor Andreas Bindseil,
den seit 1572 die „das Kirchlehn in Reinholterode" besitzenden
von Westernhagen und von Wintzingerode als Geistlichen dorthin
berufen, eine Vorladung nach Heiligenstadt erhielt. Sie wurde
ihm mit dem Bemerken behändigt, „er solle der Kirchen müßig
gehen, oder aber sein Abenteuer gewärtigen". Obwohl Bindseil,
welcher der 4. oder 5. evangelische Geistliche in Reinholterode war,
dieser Vorladung keine Folge leistete, wurde fürs Erste nicht gegen
ihn eingeschritten. Zu Anfang August 1574 aber eines Sonn-
tages, drang „der Pfaff zu Steinbach", dem nächstgelegenen Dorfe,
mit zahlreichen bewaffneten Mannschaften in Reinholterode ein,
setzte sich mit Gewalt in den Besitz der Kirche und hielt, nachdem er dieselbe, „gleich als ob sie durch Bindseil und durch dessen
Amtsvorgänger wie von Mördern und Dieben entweiht worden",
von Neuem geweiht hatte, geschützt von seinen Begleitern „mit
seinen Zerimonien ein Ambt ab".[9] Auch auf dem im Gericht
Bodenstein gelegenen Schlosse Adelsborn fand sich am 1. Juli
ungerufen ein römischer Priester ein, um bei einem daselbst Bediensteten, der sich seit langen Jahren zum evangelischen Glauben
bekannte, geistliche Amtshandlungen vorzunehmen.[10]

Mögen der erzbischöfliche Kommissar und einzelne katholische
Geistliche auch noch an andren Orten in gleicher Weise verfahren
sein, so wurde doch, so lange der Kurfürst im Lande war, nur

in den Städten Duderstadt und Heiligenstadt von den Behörden mit Gewalt vorgegangen. Sonst vermied man es in kluger Weise, die fast in sämtlichen Dörfern vorhandenen evangelischen Geistlichen allzu sehr zu belästigen, oder gar ihre Vertreibung zu versuchen. In völlig richtiger Würdigung der Verhältnisse hatte der Kurfürst erkannt, daß die den Städten, wenn auch nicht feindlich, so doch eifersüchtig gegenüber stehenden Bauern und Abligen, wenn ihnen selbst keine Gewalt angethan würde, einer Demütigung der Städte ruhig, ja vielleicht mit einiger Schadenfreude zusehen würden, und daß es ihm leichter sein werde, die Stände einzeln niederzuhalten, als wenn er gegen sie alle auf einmal vorging. Uebrigens konnte der Kurfürst wohl schon deshalb nicht überall mit der Verjagung der evangelischen Geistlichen beginnen, weil es ihm an brauchbaren Katholiken fehlte, welche er an die Stelle der Vertriebenen hätte setzen können, und jedenfalls befand er sich in einer viel angenehmeren Lage, wenn seine Beamten nach seiner Abreise härtere Maßregeln ergriffen als er selbst. Er war dann, wenn diese Maßregeln allzu viel Aufregung verursachten, im Stande, seine Mißbilligung auszusprechen, ohne die gethanen Schritte aufhalten oder rückgängig machen zu müssen. In der That versuchte der Kurfürst später in dieser Weise zu verfahren.

Während seiner Anwesenheit auf dem Eichsfelde gelang es Daniel auch, die Schlösser Harburg und Worbis wieder gänzlich in seine Gewalt zu bringen. Er löste diese Schlösser, die sich nebst ihren großen Gerichtsbezirken seit länger als einem Jahrhundert im Pfandbesitze der von Bülzingsleben befanden, von diesen mit Hilfe der eichsfeldischen Klöster, welche den Pfandschilling ganz oder zum Teil aufbrachten,[11]) wieder ein und beseitigte so die fast unbeschränkte Gewalt der von Bülzingsleben in diesem Gebiete, deren Fortdauer die Rekatholisierung der demselben angehörigen Orte wesentlich erschwert haben würde. Nach zweimonatlichem Aufenthalte konnte Kurfürst Daniel das Eichsfeld mit dem Bewußtsein verlassen, daß er sein Ansehn und seine Macht sehr vermehrt, und daß er den beiden Männern, Stralendorf und Bunthe, in deren Hände er die Verwaltung des Landes gelegt, den festen Willen zutrauen dürfe, den Auftrag zur Verdrängung der evangelischen Lehre nach einem zuvor entworfenen Plane „allmälig, weißlich, ohne Uebereilung und Zwang, durch Unterricht" [12]) pünktlich durchzuführen. Der Kurfürst durfte sich aber auch sagen, daß er diese Männer mit den erforderlichen Machtmitteln versehen habe, um den ihnen gewordenen Auftrag mittelst Gewalt erfüllen zu können, falls es „ohne Zwang durch Unterricht" nicht möglich sein sollte. Indeß hatte der Erzbischof nicht bedacht, daß der Uebereifer Stralendorfs und Bunthes, welche die von ihm so klug beobachtete Vorsicht sehr bald nach seiner Abreise aufgaben, und ebenso parteilich wie rücksichtslos gegen jeden Evangelischen vorgingen die Eichsfelder sehr schnell von dem Wahne befreien würde, als ob Daniel sich nur des Gehorsams seiner Unterthanen versichern, nicht aber deren Glaubensfreiheit antasten wolle. Und endlich hatte der Kurfürst die Glaubenstreue der evangelischen Eichsfelder zu niedrig geschätzt.

———

Nicht lange nachdem Daniel das Land verlassen, verschwand auch wieder ein Teil der Einrichtungen, die er getroffen. Der als Pfarrer in Duderstadt eingesetzte Mag. Schilling hatte, als er sah, daß die gesamte Bürgerschaft der Augsburgischen Konfession zugethan war und die von ihm abgehaltenen Gottesdienste nicht besuchte, vielleicht auch einem Drucke des Rates weichend, diesem die größere Cyriacus-Kirche überlassen und sich mit der kleineren Servatius-Kirche begnügt. [13]) Der Rat aber hatte schleunigst wieder einen evangelischen Geistlichen an die ihm überlassene Kirche berufen, welcher an derselben ungestört predigte. Auch in Heiligenstadt scheint sich Aehnliches ereignet zu haben. Den erzbischöflichen Kommissarien, [14]) welche sich Ende des Jahres 1574 in Heiligenstadt zusammen gefunden haben werden, ging es mit der Verdrängung der evangelischen Lehre „ohne Uebereilung und Zwang" nicht schnell genug. Sie ergriffen gegen die Heiligenstädter harte Maßregeln, welche der Kurfürst später, in seinem Bescheide vom 21. März 1575 „aus unumbgänklichen Ursachen" vorgenommen, für gerechtfertigt erklärte. In der Kirche des hart bei Heiligenstadt gelegenen Dorfes Rengelrode wurden „die Predigtstühle gewaltsam niedergerissen und zerstückt", es ergingen strenge

Anordnungen, um das Begräbnis solcher Personen auf den ge=
weihten Kirchhöfen zu verhindern, welche sich bei ihren Lebzeiten
nicht zur römischen Kirche bekannt, oder deren Formen unbeob=
achtet gelassen hatten. [15])

In Duderstadt hatte der Jesuitenpater Michael, der nebst
seinem Ordensbruder Huckeshau im Herbst 1574 auf dem Eichs=
felde eingetroffen war, von Weihnachten ab, und den Januar
des folgenden Jahres hindurch in der Servatius=Kirche ungestört,
aber vor leeren Bänken geprebigt. Da trafen sämtliche Kommis=
sarien des Kurfürsten zur Visitation am 1. Februar 1575 ein
und verlangten vom Rat die sofortige Räumung der Cyriacus=
Kirche, um in derselben am folgenden Tage (Mariae Lichtmesse)
ein feierliches Amt zu halten. Dieses Verlangen stieß bei dem
Rate auf entschiedenen Widerstand, bei dem es trotz aller Dro=
hungen der Kommissarien verblieb. Da Letztere einen solchen
Widerstand nicht erwartet hatten, waren sie auch nicht vorbereitet,
denselben mit Gewalt zu beseitigen und die Uebergabe der Kirche
zu erzwingen. Sie begnügten sich daher, dem Rate zu befehlen, sich
„bei Verlust aller Privilegien der Oberkirche und Schulen (die
vom Rate errichtet waren) bis zu dem Eingange der von dem
Kurfürsten erbetenen Entscheidung zu enthalten". Während der
Rat gegen diesen Befehl am 7. Februar Protest erhob, und, unter
Berufung auf die vom Kurfürsten im vergangenen Jahre gegebene
Zusage: „Niemanden gegen sein Gewissen zu beschweren noch mit
Gewalt zu zwingen", sich am 10. desselben Monats über das
Verlangen und die Befehle der Kommissarien bei dem Kurfürsten
beschwerte, gingen an letzteren die Klagen der Kommissarien über
die Widersetzlichkeit des Rates ab. Trotz der ablehnenden Be=
scheide des Kurfürsten blieb der Rat bei seinem Widerstande, und
die Kommissarien verweilten fast während des ganzen Monats
Februar in Duderstadt, indem sie von Tag zu Tag das Nach=
geben des Rates erwarteten. [16])

Von Duderstadt aus besuchten sie die umliegenden Dörfer,
sich über die kirchlichen Verhältnisse unterrichtend und die Aus=
weisung der evangelischen Geistlichen von den Gerichtsherrn for=
dernd. In einer späteren an den Kaiser gerichteten Verteitigungs=
schrift vom 18. August 1576 (S. 78) hat der Kurfürst behauptet,

Winzingerobe Knorr, Kämpfe und Leiden.   4 daß damals nur „etliche, doch nicht alle von der Ritterschaft die Visitation der Kirchen zu verhindern versucht hätten," und nach den Tagebüchern der Jesuiten sollen damals 70 Dörfer und einige Klöster visitiert, auch 2000 Personen gefirmt worden sein. [17] Diese Visitationen der Dörfer sind aber doch wohl nicht so ruhig und nicht mit dem Erfolge verlaufen, den sie nach jenen Angaben gehabt haben sollen. Nachweislich unterblieb die Visitation in Teistungen und Berlingerode, wo sich die von Westernhagen derselben widersetzten, und in den Dörfern des Gerichts Bodenstein, dessen gesamte Bewohner das Betreten der Kirche zu Kirch Ohmfeld, wo die Kommissarien zuerst erschienen waren, nicht gestatteten. [18] Jedenfalls hatten die Besuche der Kommissarien in verschiedenen Dörfern eine derartige Aufregung unter der Ritterschaft hervorgerufen, daß sich fast sämtliche Mitglieder derselben schon zu Anfang des März in Worbis zusammenfanden, dort eine an den Kurfürsten zu richtende Beschwerde über das Vorgehen der Kommissarien verabredeten, vielleicht auch sofort unterschrieben, und mit 36 Unterschriften versehen, und vom 9. März datiert, nach Aschaffenburg an den Kurfürsten Daniel abgehen ließen. [19]

In dieser Beschwerde gaben die Unterzeichner dem Danke gegen Gottes Gnade Ausdruck, durch die sie „in Wirkung seines heiligen Geistes die Wahrheit des göttlichen Wortes und den darin offenbarten, allein auf Christi Leiden und Sterben beruhenden Weg zur Seligkeit erkannt hätten." Gott habe ihnen ferner die Gnade erwiesen, ihnen in dem Kurfürsten und dessen Vorgängern solche Regenten zu geben, welche ihnen gestattet hätten, ihren evangelischen Glauben seit vielen Jahren, öffentlich bekennen zu dürfen. Sie schuldeten auch dem Kurfürsten aufrichtigen Dank, daß er ihnen bei der Erbhuldigung und auch „letztlich, bei seiner Anwesenheit auf dem Eichsfelde, persönlich" die Zusage gegeben habe, ihnen „sowohl in äußerlichen, weltlichen, als innerlichen Gewissenssachen, daran uns von des Ewigen wegen am allerhöchsten und meisten gelegen," ein gnädiger Herr sein zu wollen. Mit dieser Zusage des Kurfürsten aber stehe das Verfahren seiner Kommissarien nicht im Einklange. Es scheine in der Absicht derselben zu liegen, „die Augsburgische Konfession aus den Kirchen und aus den Herzen der Leute auszurotten." Man habe die evangelischen

Geistlichen verjagt, die Kanzeln zerschlagen, den Verstorbenen die Beisetzung auf den Friedhöfen versagt, Jedermann, auch den nächsten Verwandten, die Begleitung der Leichen zu den auf offenem Felde angelegten Grabstätten und das Absingen von Psalmen an den Gräbern bei harten Strafen verboten. Wenn sie für ihre Personen bisher auch noch nicht in der Ausübung des Gottesdienstes gestört worden seien, so sei doch „der Anfang allbereit bei denen von Heiligenstadt und Duderstadt, auch etzlichen aus ihrer Mitte gemacht. So bringet uns die äußerste Not unseres Gewissens, daß wir diese höchste Beschwerungen, die uns nit höher noch größer begegnen können," dem Kurfürsten klagen. Sie seien samt und sonders mit Weib und Kindern, sowie mit ihren Unterthanen der Augsburgischen Konfession zugethan, zum großen Teil in derselben geboren und erzogen. „In Betrachtung des ernsten Urteils des Sohnes Gottes: Wer mich vor den Menschen verleugnet, den will ich wieder verleugnen, wolle es ihnen nicht gebühren," dem Kurfürsten gegenüber „von dieser von ihnen erkannten und bekannten Wahrheit abzuweichen." Der Kurfürst habe ihnen versprochen, sie „in ihrem Gewissen frei und unbeschwert zu lassen, solliche Freilassung der Gewissen aber anders nicht beschehen mag, dan daß wir, wie bishero, vermuge des Religionsfriedens bei dem offenen Exercitio und Brauche unserer Religion gelassen und mit widrigen Kirchendienern nicht beschwert werden." Sie ermahnten den Kurfürsten „durchs jüngste Gericht", ihnen und all ihren Glaubensgenossen den offenen Brauch ihrer Religion zu lassen, wodurch er „Gott dem Herrn ein wohlgefälliges, sich selbst ein löbliches Werk, und ihnen die höchste Gnade erzeigen würde, die er ihnen erweisen könne."

Die Unterzeichner dieser Eingabe, welche von einer Glaubenstreue und einem Mute zeugt, wie er heut zu Tage immer seltener wird, hatten den ungünstigsten Zeitpunkt für die Bitte um Abstellung ihrer Beschwerden gewählt.

Zu Beginn des Jahres hatte Kurfürst Daniel wieder einen Sendling aus Rom, den Jesuiten Nikolaus Elgard, empfangen, welcher ihm nach Ueberreichung eines päpstlichen Breves vom 22. Januar Mitteilung machen sollte, „was dem Papste zum Heile der Kirche nützlich und notwendig erscheine." [20] Durch Elgards

4*

Sendung war der Papst den Wünschen Daniels zuvorgekommen. Denn der Kurfürst hatte kurz vor Elgards Ankunft (12. Februar) über die Erfolge der Kommissarien, die er zum Zweck der Ausrottung häretischer Anschauungen, und zur Reformation des Klerus und des Volkes auf das Eichsfeld entsandt hatte, dem Papste Bericht erstattet und daran die Bitte geknüpft, ihm aus Italien einige der deutschen Sprache kundige, tüchtige Geistliche zu schicken, an denen er großen Mangel leide, und ohne deren Mitwirkung entscheidende Erfolge nicht zu erzielen seien. Auch nach der Ankunft Elgards sprach sich Daniel dem Papste gegenüber am 2. März nochmals ausführlich über die großen Schwierigkeiten aus, welche sich der Durchführung der Gegenreformation auf dem Eichsfelde, bei dessen Lage in Mitten ketzerischer Gebiete, bei der Hartnäckigkeit seiner Eichsfelder Unterthanen, und bei dem sehr fühlbaren Mangel an tüchtigen Geistlichen entgegenstellten. Gleichzeitig rühmte Daniel das große Verständnis, welches er bei Elgard für seine Pläne bezüglich der Rekatholisierung des Eichsfeldes gefunden, und teilte mit, daß er Elgard veranlaßt habe, sich selbst nach dem Eichsfelde zu begeben, um den Kommissarien Daniels beizustehen und mit ihnen dahin zu wirken, daß die „irrenden und unglücklichen" Bewohner des Ländchens zu der wahren katholischen Religion zurückgeführt würden. [21])

Bei dieser Sachlage muß es selbstverständlich erscheinen, daß Kurfürst Daniel die Eingabe der Ritterschaft vom 9. März höchst ungnädig aufnahm. In seinem schon am 21. oder 22. März erlassenen und an „Werner von Hanstein, Wilke von Bodenhausen, Franz von Tastungen, Heinrich von Westernhagen und Johann Adam von Linsingen sampt andern von der Ritterschaft unseres Landes des Eichsfeldes, so negst Stadt Wurbis vorsammelt gewesen sembtlich" gerichteten Bescheide [22]) vermied Daniel möglichst auf die ihm vorgetragenen Beschwerden einzugehen, sondern „er stellte dieselben diesmal an ihren Ort." Die Erinnerung an sein Versprechen: „die Gewissen frei und unbeschwert zu lassen" überging er mit Stillschweigen. Dagegen erhob der Kurfürst bittere Klage über die Anmaßung der Ritter, welche es gewagt hätten, ohne sein oder seines Amtmannes Vorwissen sich in Worbis „zu Hauf" zu versammeln, was ihnen als seinen Lehnsleuten und

Landsassen ebensowenig zukomme, wie daß sie sich unterstanden
hätten, ihm gute Lehren über die Ausübung seiner landesherr=
lichen Rechte zu geben. Zu ihrer Entschuldigung wolle er annehmen, daß die Mehrzahl der Ritter zu diesem ungebührlichen
Vorgehen durch die von Westernhagen angereizt worden seien.
Gerade diese hätten aber am allerwenigsten Ursache zur Klage
gehabt, da sie in der mildesten Form zur Entlassung eines von
ihnen berufenen, aber weder präsentierten, noch ordinierten Geist=
lichen aufgefordert worden seien, welcher dem Volke „statt des
heiligen Leibes und Blutes Jesu Christi nichts als Brod und
Wein gereicht," sich auch an anderen Orten übel gehalten habe.
(S. 35 und unten S. 62.) Die von Westernhagen hätten für
die schonende Art und Weise, in der ihnen überlassen worden,
selbst für die Entlassung eines so unwürdigen Mannes zu sorgen,
dankbar sein und erwägen sollen, daß die Kommissarien wohl be=
fugt gewesen seien, den unrechtmäßigerweise bestellten, untauglichen
Prädikanten ohne Weiteres und ohne ihre Mitwirkung aus dem
von ihm widerrechtlich eingenommenen Pfarrhause mit Gewalt
abholen zu lassen. Schließlich sprach der Kurfürst die bestimmte
Erwartung aus, daß die Ritter sich ähnlicher ungebührlicher An=
maßungen nicht wieder schuldig machen würden. Den Rat von
Duderstadt hatte der Kurfürst auf dessen Eingabe vom 10. Februar
schon am 17. abschläglich beschieden, gegen denselben ähnliche Vor=
würfe, wie später gegen die Ritter erhoben und demselben befohlen,
die Oberkirche den Kommissarien sofort zu übergeben. Nachdem
eine weitere Bittschrift vom 27. Februar keinen anderen Erfolg
gehabt, wiederholte der Rat am 12. März zum dritten Male die
Bitte, den Evangelischen die eine Kirche, die sie inne hätten, zu
belassen und die Kommissarien anzuweisen, daß dieselben sich der
Beschwerung der Gewissen enthalten möchten, indem er die Ver=
sicherung hinzufügte, daß sämtliche Bürger der Stadt dem Kurfürsten
in allen, nicht ihren Glauben und ihr Gewissen betreffenden Dingen
den treusten Gehorsam erweisen würden. Wenn der Kurfürst
auch in seinem am 21. März erfolgenden Bescheide nicht unter=
ließ, den Rat darauf hinzuweisen, daß es demselben durchaus
nicht zukomme, in seine landesherrlichen und oberhirtlichen Be=
fugnisse einzugreifen, ihm seine Pfarrkirchen zu sperren und unbe=

rufenen Prädikanten zu übergeben, so war doch dieser Erlaß
ungleich milder abgefaßt, als der an die Ritter. Er trachte, so
schrieb der Kurfürst, den Glauben an das reine Wort Gottes
unter ihnen zu begründen, wofür sie ihn noch in der Grube
segnen würden. Wenn ihnen von gewisser Seite eingeredet werde,
daß er sich nicht zur wahren christlichen Religion bekenne, so sei
das eine schändliche Lüge. Er erwarte, der Rat würde ihm nun
gehorsamen, die Kirche den Kommissarien übergeben und die von
ihm, dem Kurfürsten, berufenen Pfarrer als die seinigen aner=
kennen. Gehorche der Rat auch diesmal nicht, so werde er rück=
sichtslos Gewalt brauchen müssen.²³) Noch bevor diese Bescheide
an den Rat und die Ritterschaft ergingen, hatten sich einzelne
evangelische Fürsten ihrer bedrängten Glaubensgenossen auf dem
Eichsfelde anzunehmen versucht.

Dem Landgrafen von Hessen=Cassel waren nicht nur die
Maßregeln, welche Daniel gegen seine evangelischen Unterthanen
auf dem Eichsfelde ergriffen, sondern auch das im Lande verbreitete
Gerücht zu Ohren gekommen, daß er sowohl wie Kurfürst August
von Sachsen dem Kurfürsten Daniel zur Unterdrückung der
Evangelischen auf dem Eichsfelde geraten haben sollten. Vielleicht
war dieses Gerücht nicht ohne Vorwissen Daniels in Umlauf
gesetzt, vielleicht aber auch nur dadurch entstanden, daß Daniel
in der That, gelegentlich seines Besuches auf dem Eichsfelde im
Jahre 1574, mit den genannten beiden Fürsten zusammen ge=
kommen war (S. 44). Der Landgraf, welcher die erstere Ver=
mutung für die richtige halten mochte, war über das Gerücht
sehr erbittert und verwahrte sich Daniel gegenüber am 1. März
sehr energisch dagegen, da es ihm „ganz beschwerlich falle, sich
mit solchen Gedichten auf den Zungen herumtänzeln zu lassen".²⁴)

Schon früher, am 24. Februar hatte der Landgraf den Kur=
fürsten Friedrich von der Pfalz von den Bedrückungen in Kennt=
nis gesetzt, welche die Evangelischen auf dem Eichsfelde erlitten,
und ihn auf die Gefahren hingewiesen die in dem Vorgehen des
Kurfürsten Daniel für sämtliche Evangelische in Deutschland lägen.
Als die Klagen der Eichsfelder über die Bedrückungen der Kom=
missarien sich mehrten, wandte sich der Landgraf direkt an Kur=
fürst Daniel mit der Bitte, seinen evangelischen Unterthanen die

Freiheit zu gönnen, die denselben durch den Augsburger Religionsfrieden und die Deklaration Kaiser Ferdinands zu demselben zugesichert sei. Der Landgraf ging ferner die Kurfürsten von der
Pfalz und von Sachsen um ihre Verwendung für die protestantischen Eichsfelder bei Kurfürst Daniel an. Kurfürst August von
Sachsen entsprach dem Ansinnen des Landgrafen nicht, unterließ
es auch, sich bei dem Kaiser Maximilian um Veröffentlichung der
gedachten, von dem Vater des Kaisers erlassenen Deklaration zu
bemühen, obwohl ihn hierzu sowohl der Kurfürst Friedrich als der
Landgraf bringend aufgefordert hatten. Friedrich dagegen versuchte,
den Kurfürsten Daniel zu einer größeren Duldsamkeit gegen die
Eichsfelder zu bestimmen; aber dieser Versuch blieb ebenso vergeblich wie der des Landgrafen. In den an diese beiden Fürsten
gerichteten Antworten umging Daniel, seinem Charakter entsprechend,
den Kern der Sache und suchte sein Verfahren mit denselben
nichtigen Gründen zu rechtfertigen, die sein Bescheid an die Ritter
enthielt; ja in der an den Landgrafen gerichteten Antwort bestritt
Daniel, den ihm kaum unbekannt gebliebenen Thatsachen zuwider,
daß den Evangelischen das Begräbnis in geweihter Erde versagt
worden.[25] Wesentlich bestärkt in seinem gegen die Eichsfelder
eingeschlagenen Verfahren wurde Daniel durch das ihm vom
Papste am 23. April, 14. und 24. Mai gespendete Lob, sowie
dadurch, daß der Papst, trotz des auch von ihm beklagten Mangels
an tüchtigen Geistlichen, wieder zwei Jesuiten, Vitus Miletus und
Christoph Vilhamerius, bei ihm beglaubigte und zur Verwendung
in dem Kampfe gegen die Evangelischen als besonders tüchtig
empfahl.[26]

Wie die Kommissarien des Kurfürsten vorgingen und welche
Schwierigkeiten sich ihnen entgegenstellten, davon giebt der oben
(S. 16) erwähnte Bericht des mit den Kommissarien auf dem
Eichsfelde thätigen (S. 54) Jesuiten Elgard vom 16. Juni 1575
ein leibliches Bild.[27] Nachdem Elgard geschildert, wie sich fast
die gesamte Bevölkerung dem evangelischen Bekenntnisse angeschlossen, wie sehr die Klöster und Stifte verfallen, ja wie die
römische Kirche völlig darnieder lag, giebt er eine Charakteristik
der einzelnen, die Gegenreformation leitenden Personen, unter
denen besonders Stralendorf, Bunthe, Dr. Oland und Anton

Figulus, der Jesuiten nicht zu gedenken, hervortreten. Sodann erzählt Elgard, daß die evangelischen Geistlichen, welche den größten Einfluß besessen, vertrieben, und die bisher von ihnen verwalteten Pfarrstellen mit römischen Priestern besetzt seien. Minder bedeutende evangelische Geistliche habe man einstweilen in ihren Pfarrämtern gelassen, bis taugliche römische Priester gefunden würden, welche deren Stellen einnehmen könnten. In Heiligenstadt sei ein Dekret ver= öffentlicht worden, nach welchem es Jedem, welcher sich nicht mit den Katholiken vereinigen wolle, freigestellt worden, nach Verkauf seiner Habe auszuwandern, und welches diejenigen, die im Lande blieben, ohne sich in die Gemeinschaft der Katholischen zu begeben, als eines katholischen Begräbnisses unwürdig bezeichnete. „Ich weiß," so fuhr Elgard fort, „daß kein Bürger ausgewandert ist, aber einzelne Verstorbene sind außerhalb der Stadt begraben." Einzelne Ratmänner in Heiligenstadt hätten ihm zwar nach vielen Unterredungen zugestanden, daß ihr Beginnen ein ruchloses sein möge, daß sie aber, da sie sich einmal in dasselbe eingelassen, lieber in ihrem Irrtume bleiben, als bekennen wollten, sich in einem solchen zu befinden. Ueber eine von ihm selbst zu Pfingsten auf dem Hilfensberge — einem früher vielfach besuchten Wallfahrts= orte, an welchem seit 20 Jahren keine Messe mehr gelesen war —[25]) gehaltene Predigt erging sich Elgard sehr ausführlich. Nach dem großen Eindrucke, den er durch diese Predigt erzielt haben wollte, setzte er große Hoffnungen auf das gemeine Volk, nur von den Duderstädtern hoffte er wenig, dieselben seien zu hartnäckig.

Nach diesem Berichte Elgards hatten die Kommissarien kaum versucht, die Verdrängung der evangelischen Lehre „ohne Zwang durch Ueberredung herbeizuführen," jedenfalls hatten sie diesen Weg bald verlassen und zur Förderung ihrer Absichten die An= wendung von Gewalt dienlicher und wirksamer erachtet. Der Rat zu Duderstadt hatte nach Empfang des Bescheides vom 21. März sich nochmals an Daniel gewendet und unter Bezug= nahme auf die dem Kurfürsten auch von Landgraf Wilhelm ent= gegengehaltene Deklaration zum Religionsfrieden den Nachweis zu führen unternommen, daß den Evangelischen des Eichsfeldes das Recht der freien Ausübung ihres Gottesdienstes zustehe, und daß daher der Kurfürst nicht befugt sei, diese Ausübung zu hin=

dern, oder gar die Uebergabe der bisher von den Evangelischen in Duderstadt benutzten Kirche zu fordern.

In jener vom 24. September 1555 datierten Deklaration [29]) hatte nämlich Kaiser Ferdinand „erclert, gesetzt und entschieden, daß der Geistlichen eigene Ritterschaft, Stadt und Kommunen, welche lange Zeit und Jahre hero der Augsburgischen Konfession, Religion, Glauben, Kirchengebrauch, Ordnungen und Ceremonien öffentlich gehalten und gebraucht und bis auf heute dato noch also halten und gebrauchen, von derselben ihrer Religion unvergewaltigt gelassen werden sollen." Die Voraussetzungen dieser Deklaration trafen, wenn auch nicht für Duderstadt, wo der erste öffentliche Gottesdienst am 8. Dezember 1556 abgehalten worden war (S. 35), so doch für viele Dörfer des Eichsfeldes und wahrscheinlich auch für Heiligenstadt zu. Es erschien daher dem Kurfürsten das zweckmäßigste, das Vorhandensein der Deklaration zu bestreiten. Hierzu war der Kurfürst um so eher imstande, als die Deklaration zwar noch im Jahre 1555 von dem Kurfürsten August von Sachsen durch den Druck veröffentlicht, nicht aber dem Religionsfrieden einverleibt und nicht dem Reichsgericht zugestellt war. Dagegen enthielt das am Tage nach Ausstellung der Deklaration veröffentlichte Friedensinstrument eine Stelle, wonach „gegen die Bestimmung des Religionsfriedens keine Deklaration oder etwas anderes, so denselben verhindern möchte, gegeben, erlangt, noch angenommen werden solle." Es ist begreiflich, daß die geistlichen Fürsten bei dieser Sachlage die Erklärung des Königs zu Gunsten ihrer evangelischen Unterthanen nicht anerkennen wollten. Daniel erwiderte geradezu dem Rate von Duderstadt: „Wir wissen uns auch keiner kaiserlichen Deklaration zu erinnern, so uns in unserem Erzstifte an Verrichtung unseres tragenden erzbischöflichen Amtes zur Erhaltung der katholischen Kirche hindere." [30])

Ergab sich schon aus diesem Bescheide, wie weit Daniel davon entfernt war, die Schritte seiner Kommissarien zu mißbilligen, so zeigte sich das noch mehr in seinem am 20. September dem Papste erstatteten Berichte über die Fortschritte der Gegenreformation auf dem Eichsfelde und über die erfolgreiche Thätigkeit der Jesuiten, besonders Elgards, dessen dauerndes Verbleiben auf dem Eichsfelde notwendig sei, wenn die unter den Bewohnern des Landes „so fest eingewurzelten ketzerischen Irrtümer," wie er hoffe, ausgerottet werden sollten. [31])

Die evangelischen Eichsfelder waren damals freilich noch immer in dem Wahne befangen, daß nur der Uebereifer der Kommissarien ihre harte Bedrückung und die fortgesetzte Verjagung ihrer Geistlichen verursachte, während der Kurfürst, wenn er nur wisse, wie roh und gewaltsam seine Kommissarien verführen, eingedenk der bei seiner Anwesenheit im Lande gegebenen Zusagen, diesem Treiben bald ein Ziel setzen würde. Man konnte sich noch nicht davon überzeugen, daß Daniel jene Versprechungen nur zum Scheine gegeben hatte, daß das Vorgehen seiner Kommissarien auf seinen ausdrücklichen Anordnungen beruhte und mit seiner vollsten Billigung erfolgte. Die Mitglieder der Ritterschaft wagten nicht infolge des strengen Verbots, „sich (nicht) wieder ohne des Kurfürsten oder seines Amtmannes Genehmigung zu Hauf zu versammeln," innerhalb des Eichsfeldes zur Beratung zusammen zu treten; sie trafen sich, wahrscheinlich Anfang Juni, in dem hart an der Grenze, im Herzogtum Braunschweig, an der Leine gelegenen, den von Bodenhausen gehörigen Dorfe Niedergandern, und beschlossen dort, eine Deputation an den Kurfürsten zu senden, die demselben nochmals ihre Beschwerden vortragen und die Bitte um freie Ausübung des evangelischen Bekenntnisses für sich und ihre Hintersassen wiederholen sollte. Die Ritter zogen es vor, die an den Kurfürsten zu entsendenden Personen nicht sämtlich aus ihrer Mitte zu wählen. Nur einer der Deputierten, Wilke von Bodenhausen, der die Eingabe vom 9. März mit unterzeichnete, war auf dem Eichsfelde angesessen, aber auch er wohnte außerhalb desselben, auf dem Arenstein in Hessen. — Auch die beiden andern Deputierten, der Hessische Statthalter zu Marburg, Burghard von Cramm und Georg Rietesel zum Eisenbach auf Ludwigseck, waren Hessen, so daß wahrscheinlich Landgraf Wilhelm bei der Wahl die Hand im Spiele hatte. [32]) Um den Deputierten einen Fürsprecher bei dem Kurfürsten zu gewinnen, richtete die Ritterschaft am 9. Juni, wohl gleich von Niedergandern aus, an den früheren Amtmann des Eichsfeldes Melchior von Graenrode (S. 28) im Vertrauen

auf die „treue Gunst", die er ihnen, ihren Weibern, Kindern und
armen Unterthanen bewiesen, die dringende Bitte, sich Ende des
Monats nach Mainz zu begeben und mit ihren alsdann dort
eintreffenden Deputierten der Sache der Eichsfelder Ritterschaft
bei dem Kurfürsten das Wort zu reden.[33]) Eine Antwort auf
diese Bitte ist nicht erhalten und wahrscheinlich nie erfolgt, jedenfalls erfüllte Graenrode dieselbe nicht, da die Deputierten dessen
Anwesenheit in Mainz in ihrem Berichte nicht erwähnen. Bodenhausen und Cramm — weshalb Rietesel sich ausschloß, ist unbekannt
— begaben sich am 29. Juni nach Mainz und wurden, als der
Kurfürst am 2. Juli aus Elfeld (Eltville) dahin zurückgekehrt
war, von diesem am Sonntag den 3. Juli zur Morgentafel befohlen. Nach Aufhebung derselben überreichten sie dem Kurfürsten
eine von ihnen Namens ihrer Vollmachtgeber entworfene, aber
von ihnen allein unterzeichnete und aus Mainz vom 1. Juli
datierte Bittschrift.[34]) In derselben war das Ansuchen wiederholt,
daß der Kurfürst sie und ihre Unterthanen, seiner mündlich gegebenen Zusicherung gemäß, bei dem offenen Brauche der evangelischen Lehre und ihrer Prädikanten belassen und mit Jesuiten
oder anderen der papistischen Religion zugethanen Pfarrherrn
nicht beschweren möge. Wolle der Kurfürst sie der Ausübung
ihres Glaubesbekenntnisses und ihrer Seelsorger berauben, so
würden sie mit Weib und Kindern, Gesinde und Unterthanen,
wie die Schafe ohne Hirten, in der Irre gehen und hieraus
könnte mit der Zeit nichts anderes „denn ein wüstes, sündliches
und verderbliches Wesen und Leben erfolgen, davor sie der liebe
Gott bewahren wolle." Sodann folgte eine Aufzählung der
gewaltsamen, schon in der Eingabe vom 9. März hervorgehobenen
Eingriffe der Kommissarien. Neu unter denselben ist nur das
gewaltsame Eindringen papistischer Haufen mit Kreuzen und Fahnen
in das von Keudelsche Dorf Hildebrandshausen. Endlich enthielt
die Eingabe noch die Bitte um Entschuldigung wegen der Versammlung zu Worbis, zu der sie „nicht Vorwitz, sondern nur die
bringendste Not" veranlaßt habe. — An demselben Tage, nach der
Abendtafel, zu der wieder beide Abgeordnete zugezogen wurden,
nahm der Kurfürst Veranlassung, mit dem Statthalter von Cramm
allein zu sprechen, und diesem gegenüber zu äußern: er habe

seine Unterthanen nie im Geringsten beschwert, wolle dieselben
auch jetzt nicht gern beschweren. Bei seiner Anwesenheit auf dem
Eichsfelde habe er allerlei Unordnungen wahrgenommen und von
drei oder vier von Abel, mit denen er dieserhalb gesprochen, die
Zusicherung erhalten, daß sie diese Unordnung abstellen wollten.
Da aber dieses Versprechen nicht gehalten worden, so habe er das,
was geschehen, anordnen müssen. Die Ritterschaft hätte nicht
nötig gehabt, dieserhalb fremde Leute an ihn abzuordnen.[35] Der
Kurfürst scheute sich schon nicht mehr, Mitglieder der Ritterschaft
eines Wortbruches zu beschuldigen, den er selbst begangen.

In der offiziellen mündlichen Antwort, welche der Kurfürst
beiden Gesandten am 5. Juli gab, hob derselbe hervor, daß einige
von Abel sich das Kirchenregiment, das nicht ihnen, sondern ihm
ganz allein gebühre, angemaßt, Kirchenordnungen erlassen (S. 35)
und Leute, welche von seinen Ordinarien weder geprüft, noch
bestätigt worden, Zwinglianer und Calvinisten, zu Pfarrern
bestellt hätten, welche bei Reichung des Abendmahls schlechtes
Brod nähmen und durch die Bauern weiter reichen ließen.[36]
Ja einzelne Adlige hätten selbst in Orten, über die ihnen Patronatsrechte gar nicht zuständen, solche Pfarrer eingesetzt, und Andere
hätten sogar Kirchengüter an sich gerissen.[37] Er wolle der
Ritterschaft ihr Gewissen, sowie die Predigt der Augsburgischen
Konfession in ihren Häusern wohl frei lassen, die Besetzung der
Pfarreien aber sei seine Sache.[38] Uebergehend zu den einzeln
aufgeführten Beschwerden, äußerte der Kurfürst u. a.: Ueber
Rengelrode wisse er nur, daß sich die Bauern beschwert hätten,
daß die Heiligenstädter in die Kirche drängen und sie mit
ihren Weibern und Kindern vor der Kirche stehen bleiben müßten,
diesem Uebelstande sei abgeholfen, er wolle sich aber nach dem
Sachverhalte erkundigen. —

Es ist zu verwundern, daß die beiden Deputierten den Kurfürsten nicht darauf aufmerksam machten, wie widersinnig es sei,
daß die Kommissarien deshalb auch den evangelischen Geistlichen
in Regelrode verjagt hätten, weil die Heiligenstädter evangelischen Bürger nach Vertreibung der Geistlichen ihrer Konfession
die nächste evangelische Kirche in Rengelrode aufsuchten und hier-
durch den Evangelischen in Rengelrode den Zutritt zu ihrer Kirche

erschwerten. Die Deputierten scheinen hierüber geschwiegen und
nur bemerkt zu haben, daß viele Leute, welche das Abendmahl
unter beiden Gestalten empfangen hätten, an Geld und mit dem
Thurm hart gestraft seien, und daß mehreren Verstorbenen, deren
namentliches Verzeichnis einzureichen sie sich vorbehielten, das
gewöhnliche Begräbnis versagt worden sei. Auch über diese letzte
Klage wollte der Kurfürst sich Auskunft geben lassen, was nicht nötig
gewesen sein dürfte, da nach dem Berichte des Jesuiten Elgard
(S. 58) der Kurfürst mit dem Sachverhalte nicht wohl unbekannt geblieben sein kann. Einen fast komischen Eindruck macht
es, daß Daniel an demselben Tage nach der Abendtafel sich den
Deputierten gegenüber darüber beklagte, „daß er bei vielen Fürsten
in andern Landen ohne Ursach übel ausgetragen werde, als ob
er ungebührlich handle, was die Seinen doch besser bedenken sollten.
Wenn seine Beamten von denen von Westernhagen Mehreres
und Größeres begehrt hätten, als seine Befehle gewesen, so müßten
diese doch erwägen, daß er ihre von Gott gesetzte Obrigkeit sei.“

Der vom 4. Juli datierte schriftliche Bescheid, der den Deputierten noch vor ihrer Abreise aus Mainz behändigt wurde, [39])
enthielt neben der Versicherung, daß der Kurfürst selbst geneigt
sei, die Ritterschaft männiglich anzuhören und sich derselben nach
Gebühr zu erweisen, die Aufforderung, ihm Vertrauen zu schenken,
da er nur ihre Wohlfahrt und ihr Gedeihen zu ewigen Zeiten
zu fördern beabsichtige. Bei seiner Anwesenheit auf dem Eichsfelde habe er nicht geringe Mängel in geistlichen und weltlichen
Dingen, „fürnehmlich im geistlichen Stande, in Verwaltung der
(geistlichen) Aemter, noch mehr wegen sträflichen Lebens und
Wandels gefunden.“ Diese Mängel abzustellen sei er verpflichtet,
er werde darauf halten, daß bei den Geistlichen in den Klöstern
und Stiften ein gottseliges Leben hergestellt, alles Aergernis abgeschafft, gut Regiment und Ordnung geführt werde. Den An-
maßungen, die sich der Adel bei Anstellung von Geistlichen er-
laubt, müsse er entgegentreten, er wolle in keiner Weise das
Patronatsrecht schmälern, er könne aber nicht dulden, daß fremde,
unqualifizierte und ungeschickte Leute zu Prädikanten und Seelsorgern, ohne Wissen der geistlichen Beamten in unordentlicher
Weise angestellt würden. Derartige eingedrungene, aufrührerische

Prädikanten, welche sich die geistlichen Güter unbefugt angemaßt, von den Kanzeln auf die geistlichen und weltlichen Obern geschollen, ja allerhand „Schmähbüchlein" verbreitet hätten, um die Unterthanen zum Abfalle zu bewegen und gegen ihren Landesherrn aufzureizen, müßten schleunigst aus dem Lande entfernt werden. Vor Allem müsse er darauf bestehen, daß der „Prädikant zu Teistungen, welcher der fürnehmste sei," fortgeschafft würde. Daran geschehe diesen Prädikanten kein Unrecht, sondern lediglich ihr Recht, denn sie seien gar nicht präsentiert und bestätigt, sondern widerrechtlich eingedrungen.

Nach dem Religionsfrieden habe sich das Bekenntnis der Unterthanen nach dem des Landesherrn zu richten; wollten die Unterthanen in einer andern Religion leben, wie ihr Landesherr, so hätten sie das Recht auszuwandern. Es sei eine Anmaßung, wenn die Ritterschaft, der es unbenommen gewesen sei, sich für ihre Person zur lutherischen Konfession zu bekennen, sich hieran nicht habe genügen lassen, sondern das Kirchenregiment an sich reißen wolle. Nachdem er, der Kurfürst, selbst in einige Gemeinden auf deren Bitten katholische Priester gesandt, habe er wohl Gehorsam erwarten können, aber zu seiner großen Kränkung erfahren, daß nach seiner Abreise die von ihm weggejagten untauglichen Prädikanten sich wieder eingefunden hätten und in ihrem frevelhaften Treiben von der Ritterschaft geschützt würden. Sehr mißfällig habe er bemerkt, daß die Ritterschaft sich wiederum ohne sein oder seines Amtmannes Vorwissen zusammengefunden und ihn jetzt wieder mit denselben Beschwerden behelligt hätte, welche er bereits früher als unbegründet zurückgewiesen habe.

Während so versucht wurde, die Evangelischen, besonders ihre Geistlichen, lediglich deshalb als Aufrührer gegen den Landesherrn hinzustellen, weil sie sich zu einer anderen Konfession zu bekennen den Mut hatten, wollte man andererseits die Mitglieder der Ritterschaft durch die Zusage ködern, daß ihnen für ihre Person freie Religionsübung bleiben solle, und durch diese Aussicht von dem allgemeinen Widerstande gegen die Maßregeln des Kurfürsten abziehen und sie so von der Masse der Bevölkerung trennen.

In diesem Sinne war der sehr ausführliche, wahrscheinlich aus der Feder des Statthalters von Cramm geflossene Bericht abgefaßt, den die Deputierten unter dem 5. Juli der Ritterschaft erstatteten. Der am Schlusse dieses Berichtes hinzugefügte gute Rat, die Ritterschaft und deren Unterthanen möchten sich „so viel es mit christlichem Gewissen geschehen könne in die Sache der Gegner schicken, den Predigern die gebührende Bescheidenheit und einen unsträflichen Wandel empfehlen, auch die Kirchengüter nicht in ihren Nutzen, sondern zur Ehre Gottes verwenden" zeigt, wie gering die Hoffnung der Deputierten auf eine Aenderung in den Anschauungen des Kurfürsten war, ja daß selbst die Berichterstatter glaubten, es müsse die Behauptung des Kurfürsten, daß sich die Ritterschaft an dem Eigentume der Kirche vergriffen, richtig sein, weil sie fort und fort wiederholt wurde.

Trotzdem verlor die Ritterschaft noch nicht den Mut. Wahrscheinlich unmittelbar, nachdem sie von dem fruchtlosen Bemühen ihrer Deputierten in Mainz Kenntnis erhalten, wandte sie sich, vielleicht auf Grund einer am 11. August wieder zu Niederganbern getroffenen Verabredung, [40]) an den Kurfürsten August von Sachsen und später am 12. September [41]) an den Landgrafen Wilhelm von Hessen mit der nochmaligen Bitte, nicht nur dem Kurfürsten Daniel zu ihren Gunsten Vorstellungen zu machen, sondern auch auf dem zum Zweck der Kaiserwahl nach Regensburg ausgeschriebenen Kurfürstentage die Anerkennung der mehrgedachten Deklaration des Königs Ferdinand, deren Vorhandensein Daniel geradezu bestreite, zu bewirken.

Während die Ritterschaft in dieser Weise vorging, hatte der Rat zu Duderstadt seine Mitbürger Andreas Hesse und Johann Henning nach Mainz gesandt, um dem Kurfürsten nochmals die Bitte um freie Ausübung ihres religiösen Bekenntnisses mündlich und schriftlich vorzutragen. Die genannten Deputierten, welche Daniel am 25. August zu Höchst empfing, wurden ohne schriftlichen Bescheid entlassen, nachdem der Kurfürst ihnen mündlich eröffnet hatte, daß er unbedingten Gehorsam, die Uebergabe der noch immer im Besitze der Evangelischen befindlichen Kirche an den katholischen Geistlichen, die Einstellung der „Conventicula" die Austreibung der evangelischen Prediger verlange, sowie end=

lich auch forbere, daß seine Unterthanen nicht mehr abgehalten
würden, die von ihm bestellten Kirchendiener zu hören. Auch
diesen Deputierten unterließ Daniel nicht, seine eigentlichen Absichten verschleiernd, zu versichern, „es sei nicht gemeint, sie zu der
päpstlichen Religion, wie sie's nennen, zu bringen, sondern er
wolle nur ein gut politisch Regiment aufrichten." [42] — Eine
weitere am 5. September an den Kurfürsten gerichtete Bitte des
Rats scheint nicht einmal einer Antwort gewürdigt zu sein. —
Unterdessen hatten die Kommissarien sich von Heiligenstadt aus
gegen Ende August mit einer starken Bedeckung nach Teistungen
begeben, den Pastor Schmidt, „den fürnehmsten Prädikanten,"
aus dem Pfarrhause vertrieben, [43] die Kirche des Ortes, deren
Schlüssel die von Westernhagen nicht herausgaben, mit Gewalt
erbrochen, und den Probst des Klosters Teistungenburg, Anton
Figulus, dem das Patronatsrecht über diese Kirche zustand, als
Pfarrer eingesetzt.

Diese Gewaltthätigkeit vergrößerte nur den Eifer der Ritter=
schaft, der auch durch die Antworten des Kurfürsten August und
des Landgrafen Wilhelm auf die an sie gerichteten Bittschriften
noch mehr belebt wurde. Der Kurfürst von Sachsen versprach
in einem aus Mühlberg den 12. September datierten, anscheinend
jedem einzelnen Mitgliede der Ritterschaft zugegangenen Schreiben [44]
er wolle, so viel an ihm liege, „zur Erhaltung der wahren christ=
lichen Religion der Augsburgischen Konfession" beitragen; er habe
ein christliches Mitleiden mit ihnen und rate eine oder zwei
Personen zu dem bevorstehenden Kurtage nach Regensburg zu
senden, wo, wie auch er glaube, ihre Sache am besten erledigt
werden könne. Ihre Deputierten möchten „derhalben bei ihm
Erinnerung und Anregung thun." Die Deklaration Ferdinands,
deren Original der Kurfürst von Sachsen in Händen hatte, ver=
sprach er mit sich nach Regensburg zu nehmen, damit sie gleich
zur Stelle wäre.

Der Landgraf Wilhelm riet eine ähnliche Bittschrift, wie die
Ritterschaft an ihn gerichtet hatte, an alle zu dem Kurtage ver=
sammelten evangelischen Fürsten gelangen zu lassen. Gleichzeitig
bat der Landgraf die Kurfürsten von Sachsen und von der Pfalz
sehr bringlich, sich der bedrängten Glaubensgenossen anzunehmen,

und dafür zu sorgen, daß die Deklaration die gebührende Aner=
kennung erhalte. [45])

Die infolge der Anregung von der Ritterschaft für den Kur=
fürstentag bestellten Deputierten, Heinrich von Westernhagen und
Martin von Hanstein, [46]) waren, bevor sie sich nach Regensburg
begaben, oft zwischen ihrer Heimat und Cassel unterwegs, um
sich beim Landgrafen Rats zu erholen und für den in hessischen
Diensten stehenden Bernhard Keudel die Erlaubnis zu erbitten, sie
nach Regensburg zu begleiten. [47]) Landgraf Wilhelm gab nicht
nur bereitwillig seine Zustimmung, sondern war auch eifrig be=
müht, die übrigen evangelischen Fürsten zu einem thatkräftigen
Einschreiten zu Gunsten der Evangelischen zu bewegen. Die Aus=
sichten waren günstig, denn sämtliche Fürsten waren nicht minder
als der Landgraf über das Verfahren des Mainzer Kurfürsten
entrüstet, und August von Sachsen hatte am 5. April den Wider=
stand der Ritterschaft sogar ausdrücklich gebilligt. [48]) Aber gerade
Kurfürst August erfüllte zu Regensburg am wenigsten die Hoff=
nungen, die man in ihn gesetzt hatte. Man könnte vielleicht
meinen, daß sein Eifer für die protestantischen Eichsfelder dadurch
abgekühlt worden wäre, daß ihre lutherische Gesinnung ihm ver=
dächtig gemacht wurde. Die mehrfachen Aeußerungen Daniels,
daß evangelische Geistliche des Eichsfeldes bei Reichung des Abend=
mahls nur „gemein Brod" gebraucht (S. 55) und durch die Bauern
hätten weiter reichen lassen, ferner, daß Zwinglianer und Cal=
vinisten zu Pfarrern bestellt worden (S. 62), waren sehr mit
Rücksicht auf den sächsischen Kurfürsten, der damals als der ent=
schiedenste Gegner des Kalvinismus bekannt war, gemacht. Für
die an zweiter Stelle erwähnte Behauptung liegt, beiläufig be=
merkt, irgend ein Nachweis nicht vor, und die zuerst aufgeführte
Thatsache erfährt durch die Angabe des Landgrafen Wilhelm, daß
der Pfarrer, der gewöhnliches Brod beim Abendmahl gereicht,
das nur gethan hatte, weil geweihtes nicht zur Stelle gewesen,
eine wesentliche Berichtigung. [49]) Aber wenn auch jene Verdäch=
tigungen nicht ohne Eindruck auf den Kurfürsten blieben, so wurde
doch sein Verhalten zu Regensburg dadurch am wenigsten be=
stimmt. Auch der schroffe Gegensatz, in dem er sich aus mehr=
fachen Gründen, nicht aus Haß gegen den Kalvinismus allein, zu

dem Kurfürsten von der Pfalz befand, war für ihn nicht ausschlag-
gebend, sondern vielmehr die Thatsache, daß er schon vor seiner
Ankunft in Regensburg in der Wahlfrage dem Kaiser und den
katholischen Kurfürsten gegenüber sich die Hände gebunden hatte.
Wie oben (S. 44) erwähnt, hatte August sich bereits im Sommer
1574 mit Kurfürst Daniel über die Wahl Rudolfs, des ältesten
Sohnes Maximilian II., zu dessen Nachfolger verständigt.   Bei
dem Besuche des Kaisers zu Dresden im April 1575 hatte er
sich, nicht ohne dafür materielle Vorteile zu empfangen, noch fester
mit dem Wiener Hofe verbunden, und da er auch das Seinige
gethan, um den Kurfürsten von Brandenburg für die Wahl
Rudolfs zu gewinnen, so war dieselbe bereits entschieden, bevor
der Kurtag begonnen hatte.   Damit aber war den evangelischen
Kurfürsten die Handhabe entwunden, deren sie sich hätten bedienen
können, um von dem Kaiser als Preis für ihre Stimme die
Anerkennung der Ferdinandeischen Deklaration und somit den ge-
setzlichen Schutz für diejenigen Evangelischen zu gewinnen, die in
den Gebieten geistlicher Fürsten wohnten. [50])

Es würde den engen Raum dieser Darstellung weit über-
schreiten, wenn wir die Versuche im Einzelnen verfolgen wollten,
die noch auf dem Kurtage, wenn auch ohne Erfolg gemacht
wurden, um die Bedrückung der Evangelischen in geistlichen
Territorien, insbesondere auf dem Eichsfelde, abzustellen. [51])
Es dürfte genügen zu bemerken, daß sich diese Versuche im
Wesentlichen darauf beschränkten, die allgemeine Anerkennung
der Deklaration vom 24. September 1555 dadurch zu erlangen,
daß dieselbe in die Wahlkapitulation Rudolfs aufgenommen würde.
Zwar erklärten die beiden Kurfürsten von Sachsen und Brandenburg, sowie der seinen Vater vertretende Kurprinz von der Pfalz,
als ihre Bemühungen auf den entschiedenen Widerstand der katholischen Kurfürsten, besonders des Mainzer stießen, „der Kaiser
möge sie und ihre Gesandten entschuldigen, wenn sie ohne ferneres
Verfahren in Kollegiat-Sachen" — also ohne Vornahme der
Wahl — „sich wieder nach Haus begäben"; allein diese Erklärung
dürfte doch nur von dem zuletzt genannten Kurfürsten ernst gemeint gewesen sein. August von Sachsen war nur deshalb über
die geistlichen Kurfürsten vorübergehend unwillig, weil sie die

Anerkennung mit der Bemerkung zurückwiesen, daß jene Erklärung zum Religionsfrieden gar nicht orbentlicher Weise ergangen sei, ja überhaupt nicht existieren könne, indem weder sie noch ihre Räte davon etwas wüßten. Da August das Original in Händen hatte, konnte er sich jene Einrede unmöglich gefallen lassen. So wurde denn das wichtige Dokument mit Ferdinands Unterschrift und Siegel versehen, in der Sitzung am 18. Oktober vorgewiesen und seine Aechtheit konnte nicht länger bestritten werden. Als dann gleichwohl die geistlichen Kurfürsten nicht zugeben wollten, daß dem künftigen Reichsoberhaupte die Anerkennung der Dekla= ration zur Pflicht gemacht werde, ermannte August sich in Ver= bindung mit Brandenburg und Pfalz, wie erwähnt, zu der Drohung, abzureisen, stand aber alsbald nicht allein für seine Person davon ab, sondern bewog auch den Brandenburger zur Nachgiebigkeit. Kurpfalz mußte, um nicht allein zu stehen, folgen. Nachdem so die Wahl Rudolfs einhellig zustande gekommen war, zeigte es sich ganz erfolglos,[52]) daß der Kaiser, welcher den evan= gelischen Kurfürsten versprochen hatte, den obwaltenden Streit auf dem nächsten Reichstage zum Austrag zu bringen, die geist= lichen Stände dahin zu bewegen suchte, daß sie die unter ihnen gesessene Ritterschaft, Kommunen und Unterthanen bis zum nächsten Reichstage nicht beschwerten, sondern bei der Uebung ihres Reli= gionsbekenntnisses beließen. Es machte kaum einen Eindruck, daß die Gesandten der drei evangelischen Kurfürsten den Anspruch auf Anerkennung der Rechtsgültigkeit der Deklaration in einer weit= läufigen Eingabe aufrecht erhielten und darauf hinwiesen, daß, falls den Evangelischen die Duldung, welche sie mit Recht bean= spruchen könnten, nicht zu teil würde, die geistlichen Stände es lediglich sich selbst zuzuschreiben hätten, wenn ihre Unterthanen der Gewalt Gewalt entgegensetzten. Der Kurfürst von Mainz ließ sich zu der gewiß recht zweideutigen Antwort herbei, er werde sich bis zum nächsten Reichstage den Eichsfeldern gegenüber so verhalten, daß es ihm in keiner Beziehung „verweislich" sein solle. Vielleicht wäre es ihm gar nicht unlieb gewesen, wenn die Eichsfelder der Gewalt Gewalt entgegengestellt hätten. Er hätte dann einen Schein des Rechts auf seiner Seite gehabt, und würde gewiß bei der ihm zu Gebote stehenden Macht keinen Anstand genommen

5*

haben, mit der größten Rücksichtslosigkeit den Aufstand nieder zu werfen.

Sobald Stralendorf von dem fruchtlosen Ausfalle der Bemühungen des Rates zu Duderstadt und der Eichsfelder Ritterschaft, für die Evangelischen eine größere Duldung zu erreichen, Kenntnis erhalten, ging er wieder mit der Verjagung der evangelischen Geistlichen vor. — Da es noch immer an römischen Priestern fehlte, die geeignet gewesen wären, die Stelle der verjagten evangelischen Geistlichen einzunehmen, so mußte sich Stralendorf, auch nachdem im Winter 1575/76 wiederum 4 im Kollegium Germanicum zu Rom gebildete Jesuiten (Jacob Herz, Leonhard Sauer, Martin Weinrich und Lucas Maurer) (auf dem Eichsfelde eingetroffen waren,[53]) häufig genug damit begnügen, bisher evangelisch gewesene Parochien einem in der Nachbarschaft eingesetzten römischen Priester, in der Regel einem Jesuiten, zu überweisen. Dieser nahm die Kirchenschlüssel an sich, erschien ab und zu in den betreffenden evangelischen Orten, ließ durch die ihn begleitende bewaffnete Mannschaft die evangelischen Bewohner in die Kirche treiben und hielt in dieser ein Amt ab.[54] In einzelne bisher evangelische Dörfer kam nach Vertreibung der Geistlichen überhaupt kein Geistlicher mehr.[55]

Der mehr genannte Pastor Mumpel aus Berlingerode wurde am 14. Januar 1576 vor den erzbischöflichen Kommissar nach Duderstadt geladen und von ihm in Gegenwart des Dr. Oland angewiesen, binnen 14 Tagen „unseres gnedigen Herren Land zu reumen." Folge er diesem Befehle nicht, so habe er sich die ihm drohende Behandlung selbst zuzuschreiben.[56] Da Mumpel nicht auswanderte, erfolgte, trotz der Beschwerden und Proteste der von Westernhagen, die gewaltsame Austreibung desselben aus dem Pfarrhause zu Anfang Februar, und der Gemeinde Berlingerode wurde unter Androhung schwerer Strafe befohlen, den Probst des Klosters Teistungenburg, Anton Figulus, als den ihr vorgesetzten Geistlichen anzuerkennen.[57] Figulus hatte nun außer seinem Kloster die diesem inkorporierten Pfarreien zu Böseckendorf, Gerblingerode und Teistungen, sowie die Pfarrei Berlingerode mit deren Filialen Ferna und Hundeshagen zu versehen.

Den Gebrüdern Heinrich und Werner von Hanstein befahl der Amtmann am 27. Januar 1576, dafür zu sorgen, daß der katholische Pfarrer in Ershausen nicht mehr in der Ausübung seines Pfarrrechtes über das Dorf Lehna, wo der evangelische Geistliche aus Wüstheuterode schon seit langen Jahren die Seelsorge ausgeübt hatte, gestört oder gehindert werde. [58]

Zu derselben Zeit ward den Bewohnern der Orte, aus denen die evangelischen Geistlichen verjagt waren, z. B. Heiligenstadt, verboten, die wenigen außerhalb ihrer Wohnorte noch bestehenden Kirchen zu besuchen. „Niemand zwang die protestantischen Bürger zur katholischen Religion, nur durften sie nicht außerhalb der Stadt den lutherischen Gottesdienst besuchen." Bei Leibesstrafe mußten sie sich „des Brauches des heiligen Sakraments an lutherischen Orten enthalten." [59] Den Deputierten des Rates zu Duderstadt, welche sich auf Befehl des Amtmannes vom 19. März 1576 nach Heiligenstadt begeben hatten, wurde dort nach Verlesung eines Reskripts des Kurfürsten vom 3. desselben Monats befohlen, den evangelischen Geistlichen aus Duderstadt zu entfernen und die einzige von den Evangelischen noch benutzte Kirche dem katholischen Geistlichen zu übergeben. Als der Rat, dessen Deputierte vergeblich um eine Abschrift des ihnen vorgelesenen kurfürstlichen Reskripts gebeten, diesem Befehle nicht nachkam, verbot Stralendorf am 1. April „der Ritterschaft, der Geistlichkeit, den Städten und sämtlichen Unterthanen" bei höchster Ungnade und schwerer Strafe, weder in, noch außerhalb Duderstadts das daselbst gebraute Bier, aus dessen Verkauf die Bürger bedeutende Einnahmen zogen, zu kaufen, oder zu verkaufen, oder fortzuführen, und befahl bis auf Weiteres das benötigte Bier aus Heiligenstadt oder aus anderen Orten zu beziehen." [60] Am 16. April ließ Stralendorf 30 Faß aus Duderstadt ausgeführtes Bier auf offener Straße wegnehmen. [61]

Aber nicht allein auf die Eichsfelder, sondern auch auf die Bewohner der außerhalb desselben an der Grenze gelegenen Orte dehnte sich der Bekehrungseifer des Kommissars Bunthe aus. Am 20. Dezember 1575 befahl derselbe den „vier Schultheißen und Altaristen zu Ellingerode — gemeint war der im Herzogtum Braunschweig (jetzt Kreis Osterode) gelegene Ort Elbelingerode,

über dessen Kirche das Patronat dem Stifte zu Queblinburg zustand — ihren Geistlichen zu entlassen und den Mag. Egidius
Mosellanus, einen Jesuiten, als ihren Seelsorger anzuerkennen.[62])

Noch drückender als die Befehle, Drohungen und Strafen
des Amtmannes und des erzbischöflichen Kommissars wurden den
Eichsfeldern die fortwährenden Quälereien, die sie von den durch
den Kurfürsten eingesetzten Geistlichen, besonders den Jesuiten
erfuhren, welche jede Gelegenheit wahrnahmen, sich an Jedermann
heranzudrängen und Niemanden mit ihren unaufhörlichen Bekeh-
rungsversuchen unbelästigt ließen. Große Erbitterung erregte es,
als bekannt wurde, daß Kurfürst Daniel sich entschlossen habe,
für die Jesuiten in Heiligenstadt, wo dieselben alsbald nach ihrem
Eintreffen drei Schulklassen errichtet hatten, ein eigenes Kollegium
zu gründen und mit diesem eine von den Jesuiten zu leitende
höhere Schule verbinden, von welcher weiter unten (S. 87 ff.) die
Rede sein wird.

Noch einmal rief sowohl die Ritterschaft, als der Duderstädter
Rat den Schutz der evangelischen Fürsten an. Erstere klagte in
einer am 22. Februar 1576 an die Kurfürsten von Brandenburg
und Sachsen gerichteten Bittschrift,[63]) sie hätten der tröstlichen
Hoffnung gelebt, es würde, nachdem sich beide Kurfürsten auf
dem letzten Kurtage ihrer so lebhaft angenommen, Seitens der
Mainzischen Regierung nicht weiter gegen die Evangelischen auf
dem Eichsfelde vorgegangen werden. Die Hoffnung habe sich
nicht erfüllt, es würde ihnen je länger, je mehr zugesetzt, ihre der
Augsburgischen Konfession zugethanen Prediger würden lediglich
deshalb als unqualifiziert und untüchtig bezeichnet, weil sie nicht
„jesuitisch" seien. Diese Geistlichen würden, gleich als ob sie
„offene Missethäter", ohne Verhör „proscribiert" und des Landes
verwiesen. Man nehme ihnen die von ihren Vorfahren fundierten
Kirchen, deren unzweifelhafte Kollatoren sie seien. Die Kirchen
würden nach Vertreibung ihrer Geistlichen, denen man weder in
ihrem Wandel, noch in ihrer auf der Augsburger Konfession begründeten Lehre etwas Nachteiliges nachsagen könne, allenthalben
mit „Jesuiten" besetzt, so daß „klar am Tage liege, man wolle
die Augsburgische Konfession nicht länger im Lande bulden, und
von keiner anderen, als der papistischen und jesuitischen Religion"

etwas wissen. Sie wüßten sehr wohl, daß sie ihrem Landesherrn, dem Kurfürsten von Mainz, Gehorsam schuldig seien. Diesen wollten sie in allen weltlichen Dingen stets gern leisten und sie seien erbötig, Gut und Blut und alle ihre Habe für ihren Landesherrn einzusetzen. Kraft der Pflicht aber, die sie „in ihrer Taufe dem Herren aller Herren geleistet," vermöchten sie die erkannte Wahrheit der Augsburgischen Konfession nicht, wie ihr Landesherr wolle, zu verlassen, sondern könnten nur bei der Religion verbleiben, in welcher sie sämtlich nebst Weib, Kindern, Gesinde und Unterthanen geboren, getauft und auferzogen seien und so lange Jahre gelebt hätten. Dieses Festhalten an ihrem Glauben „ihr flehlich Suchen", ihnen denselben zu belassen, würde ihnen als Ungehorsam, als Widersetzlichkeit angerechnet, obwohl ihnen ihr Herr, der Kurfürst von Mainz, mehrmals gnädigst zugesichert hätte „ihre Gewissen frei zu lassen und sie darwider nicht zu beschweren." Gerade durch diese öftere Zusicherung des Kurfürsten habe ihnen derselbe zu verstehen gegeben, daß nach seiner Ansicht ihr evangelischer Glaube sie nicht hindere, ihrem Landesherrn die schuldige Pflicht und Gehorsam zu leisten, „wie auch der Herr Christus selbst bezeugt, daß ein jeder Unterthan beides Gott und dem Kaiser, einem Jeden das Seine, so ihm gehört, geben könne und solle."

Die Ritter baten, indem sie zum Beweise der Richtigkeit ihrer Angaben die Abschriften mehrerer von dem Amtmanne, dem erzbischöflichen Kommissarius und den Visitatoren erlassene Schreiben beifügten, die beiden Kurfürsten möchten ihre gerechte Sache dem Kurfürsten von Mainz gegenüber vertreten, wie sie das bereits auf dem letzten Kurtage so gnädig gethan. Ferner aber möchten die beiden Kurfürsten, gemeinsam mit den übrigen evangelischen Fürsten auf dem bevorstehenden Reichstage darauf bringen, daß die Deklaration des Kaiser Ferdinand zum Religionsfrieden von allen Ständen des Reiches anerkannt, und daß, so lange bis diese Anerkennung erreicht worden, sie wenigstens mit der für immer weitere Kreise geforderten „Veränderung der Religion verschont und inmittelst bei dem hergebrachten offenen Exercitio der Augsburgischen Konfession gelassen werden möchten." — Eine Bittschrift gleichen Inhalts vom selben Tage reichte die Ritterschaft dem Landgrafen

Wilhelm von Hessen ein, und nicht lange nachher bestellte sie in
der Person des Syndikus der Reichsstadt Nordhausen, Licenciaten
Georg Veit, einen Bevollmächtigten, welcher den zum Reichstage
versammelten Ständen ihre Beschwerden vortragen und bei den=
selben für deren Abstellung wirken sollte.[64]) Der Rat zu Duder=
stadt hatte sich ebenfalls an den Landgrafen gewandt, und nach
Beratung mit ihm und seinem Kanzler, Dr. Richard Scheffer,
diesen beauftragt, die Beschwerden der Stadt zu Regensburg zur
Sprache zu bringen.[65])

Auch in diesem Jahre entfaltete wieder Landgraf Wilhelm
die größte Thätigkeit zum Schutze seiner bedrängten Glaubensge=
nossen. Er allein gab den Eichsfeldern das Versprechen, ihre
Bitten zu fördern, und hielt dieses Versprechen redlich. Uner=
müdlich suchte er seine evangelischen Mitfürsten zu einem einheit=
lichen Vorgehen, zu einem standhaften Ausharren zu bewegen.
Bald schrieb er an die drei protestantischen Kurfürsten, bald an
seinen Bruder den Landgrafen Ludwig von Hessen=Darmstadt,
den Markgrafen Carl von Baden, den Herzog Julius von Braun=
schweig, den Herzog Christian von Würtemberg, kurz fast an jeden
evangelischen Fürsten, bei dem er einiges Interesse für die unter=
drückten Glaubensbrüder zu finden hoffte.[66]) Landgraf Wilhelm
hob wiederholt hervor, daß die Evangelischen sich nur dann einigen
Erfolg versprechen könnten, wenn sie einmütig vorgingen und die
Sache ihrer von geistlichen Fürsten verfolgten Glaubensgenossen
als eine Allen gemeinsame ansähen. Er machte auf das gleich=
zeitige Vorgehen der drei Kurfürsten=Erzbischöfe und des Abtes
zu Fulda gegen ihre protestantischen Unterthanen aufmerksam,
zeigte, daß man es nicht etwa mit einzelnen Ausschreitungen,
sondern mit einem planmäßigen Vorgehen der gesamten Katho=
liken zu thun habe, deren Streben dahin gehe, die Beschlüsse des
Tridentiner Concils in ihrer ganzen Ausdehnung überall zur
Geltung zu bringen. Gleichwohl stehe die Sache der Evangelischen
gar nicht so ungünstig. Der Kaiser werde auf dem bevorstehen=
den Reichstage die Bewilligung hoher Steuern fordern, deren er
zur Aufstellung eines Heeres gegen die eindringenden Türken sehr
notwendig bedürfe. Diese Steuern dürfte man auf dem Reichstage
nicht eher bewilligen, bis den Beschwerden der Evangelischen über

Glaubensdruck Abhilfe geschaffen. Sähe der Kaiser, daß es den Evangelischen mit der Steuerverweigerung Ernst sei, so würde er schon Mittel und Wege finden, die vorliegenden Beschwerden abzustellen. — Der Landgraf führte ferner aus, daß, da von den geistlichen Fürsten überall das göttliche Wort ausgerottet und so tyrannische Mittel, wie Schließung der Kirchen, angewendet würden, wie vor 50 Jahren ein allgemeiner Aufstand nicht nur der Bauern, sondern auch des Adels zu befürchten wäre. Suche man die herrschende Erregung nicht durch Abstellung der begründeten Beschwerden zu beseitigen, so habe man ein allgemeines Blutbad „durch den Antichrist und die Jesuiten" zu erwarten, wie es bereits in Frankreich und in den Niederlanden angerichtet sei. — Dringend notwendig endlich sei es, daß die evangelischen Fürsten sich recht frühzeitig in Regensburg einfänden, um sich vor Beginn der Verhandlungen über ihr Vorgehen zu einigen. Wenn auch sämtliche Fürsten, an die Landgraf Wilhelm sich schriftlich gewendet, in ihren Antworten ihrer warmen Teilnahme für die Leiden ihrer bedrückten Glaubensgenossen Ausdruck gaben, so konnten oder wollten doch nicht Alle begreifen, daß sich nur dann für die evangelischen Unterthanen geistlicher Fürsten die freie und offene Ausübung ihres Bekenntnisses werde erreichen lassen, wenn man einmütig die Bewilligung von Reichssteuern so lange verweigerte, bis die gesetzliche Geltung der Ferdinandeischen Deklaration seitens des Reichs gewährleistet worden war.

Der Kurfürst von der Pfalz zwar wollte neben dieser Forderung auch noch die Beseitigung des sog. geistlichen Vorbehaltes und die vollständige Freistellung der Religion an die Bewilligung der Steuern knüpfen,[67]) und der Kurfürst von Brandenburg hatte schon, ehe er die Zuschrift des Landgrafen empfangen, dem Kaiser die Beschwerden der Evangelischen auf das eindringlichste vorgehalten und demselben angedeutet, daß die Bewilligung der Steuern seitens der evangelischen Fürsten ganz und gar davon abhängen würde, ob ihren Beschwerden hinsichtlich ihrer bedrängten Glaubensgenossen abgeholfen werde;[68]) dagegen war Kurfürst August von Sachsen bereits am 24. April der Ansicht, „daß es keinen Sinn habe, vor Abstellung der Beschwerden nichts bewilligen zu wollen, da die Erfahrung gelehrt habe, daß die Geistlichen daburch nicht zu zwingen seien, sintemalen die Hülfe gegen die Türken wirklich nötig sei." [69])

Als sich dann in Regensburg bei der ersten Beratung der Gesandten der protestantischen Fürsten zeigte, daß dieselben sämtlich, mit Ausnahme von Kursachsen und Pfalz-Neuburg angewiesen waren, die vom Kaiser begehrte Türkensteuer nur dann zu bewilligen, wenn die Freistellung des evangelischen Glaubens oder doch mindestens die Anerkennung der Deklaration gesichert sei, fügte sich Kursachsen vorübergehend der Mehrheit und trat für jene beschränktere Forderung mit ein. Sämtliche evangelischen Stände erbaten also in einer dem Kaiser im Beisein seines Sohnes und erwählten Nachfolgers am 29. Juni überreichten Eingabe, unter Beifügung der von den Eichsfeldern und Anderen erhobenen Beschwerden, daß der Religionsfrieden bestätigt, daß die zu demselben erlassene Deklaration dem Reichsabschiede einverleibt und dem Kammergerichte insinuiert werde, und daß endlich den Beschwerden der Evangelischen über Bedrückung ihres Glaubens Abhilfe geschafft werde. An diese Bitten war die Bemerkung geknüpft, daß, wenn denselben entsprochen werde, "auch die Beratschlagungen über die allgemeinen Reichssachen sehr gefördert werden würden." — In einer zweiten Eingabe wiederholten die evangelischen Stände die Forderung der Einverleibung der Deklaration in den Reichsabschied mit dem Hinzufügen, daß das Original der Deklaration vorläge, sie also nicht dulden könnten, daß die Echtheit dieser kaiserlichen Urkunde in Zweifel gezogen werde. [70]) Der Kaiser mochte kaum ein so einmütiges Vorgehen der evangelischen Stände erwartet haben, da ihm die Gesinnungen des Kurfürsten von Sachsen mit dem sich der eifrig katholische Herzog Albrecht von Bayern vor Beginn des Reichstages ausgesprochen, nicht unbekannt geblieben waren. — Auf diese baute Maximilian und suchte nicht weniger die katholischen Stände zur Nachgiebigkeit zu bewegen, als er sich bemühte, diesen und jenen evangelischen Stand für die bedingungslose Bewilligung der geforderten Türkensteuer zu gewinnen. Diese von dem päpstlichen Abgeordneten, dem gewandten, in Deutschland oft erprobten Diplomaten, Cardinal Morone, unterstützten Bemühungen blieben nicht ohne Erfolg. Bereits am 30. Juli wies der Kurfürst August

von Sachsen seine Gesandten an, gegen jeden Versuch, die vom
Kaiser geforderte Türkensteuer zu verweigern, einzuschreiten. [71])
Nach nochmaligem Drängen der evangelischen Stände erhielten
diese endlich den Bescheid, der Religionsfrieden sei bereits bestätigt,
die Fürsten könnten versichert sein, der Kaiser werde auch ferner
an den Bestimmungen des Religionsfriedens festhalten. Da in
dieser Entschließung weder der Deklaration, noch der seitens der
Eichsfelder und anderer Evangelischen erhobenen Beschwerden und
deren Abstellung mit einem Worte gedacht war, so beabsichtigte
die Mehrheit der Stände, auf Erteilung eines besseren Bescheides
zu bringen und geradezu auszusprechen, daß, bevor ihre Forderungen nicht erfüllt würden, sie sich nicht bereit finden lassen
würden, über andere Fragen, besonders über die Bewilligung von
Steuern, zu verhandeln. Die Kursächsischen Räte allein wider-
sprachen dieser Absicht mit dem Bemerken, ihr Herr sei mit der
kaiserlichen Resolution wohl zufrieden, man bedürfe weiterer Bedingungen nicht. Trotz aller Bemühungen der übrigen Evangelischen,
blieben die Gesandten Augusts bei dieser Erklärung, ja der Kurfürst selbst erwiderte dem Landgrafen Wilhelm, als dieser versuchte,
ihn umzustimmen, am 4. September: „es habe keinen Sinn, die
Türkenhilfe noch länger zu verweigern, und des Reiches Nutzen
durch Drohungen, die doch keinen Erfolg hätten, zu hindern.
Man solle lieber etwas über sich ergehen lassen, als das Reich
in Gefahr zu bringen." [72])

Die übrigen evangelischen Stände sahen sich darnach genötigt,
unter Ausschluß von Kursachsen, allein vorzugehen, und dem Kaiser
in einer Replik nochmals ihre Forderungen vorzutragen, ein Vorgehen, das den Kurfürsten auf das Empfindlichste berührte, und
noch mehr als bisher von seinen Glaubensgenossen trennte.

Unterdessen waren die katholischen Stände nicht müßig gewesen. Sie übergaben, von dem Cardinal Morone geleitet, dem
Kaiser am 14. Juli die sehr bestimmte Erklärung, sie würden
nimmermehr der Bestätigung der Deklaration ihre Zustimmung
geben, und erhoben zugleich ihrerseits eine lange Reihe von Beschwerden gegen die Evangelischen, wodurch Bestimmungen des
Augsburger Religionsfriedens verletzt worden seien. [73]) Um dieselbe
Zeit hatte Kurfürst Daniel von Mainz die von seinen Unter-

thanen auf dem Eichsfelde ausgegangenen und ihm zur Aeußerung
zugefertigten Beschwerden in einer längeren, am 18. August
an den Kaiser gerichteten Schrift als völlig unbegründet darzu-
stellen versucht. [74])

Ihm stehe, so führte Daniel aus, die Regierung über das
Eichsfeld allein zu. Wie er in weltlichen Dingen dem Kaiser
Gehorsam schulde, so müsse er „in kirchlichen Sachen aus ernstem
göttlichem Befehl und tragendem erzbischöflichem Amt, Gott, dem
Allmächtigen, Rede und Antwort stehen." Einige von der Ritterschaft möchten sich zu der im Erzstifte nicht herkömmlichen „Augsburgischen Religion" bekannt haben, „indem ich ihnen für ihre
Person bis dahero kein Maß gegeben;" dieselben hätten sich aber
unterstanden, „seine Kirchen an sich zu ziehen, zu regieren, fremde
Prädikanten eines jeden selbst Gefallen nach aufzustellen, unlei-
dentliche Kirchenordnungen zu machen, meine armen Unterthanen
und Landsassen von meinem Gehorsam und der wahren katholischen
Religion mit ärgerlichem Anreißen, schmählichen gedruckten Büchern,
ja teils auch mit Zwang und selbst Gewalt abzuhalten, die Kirchengüter teils an sich zu reißen", und seine hiergegen ergangenen
Befehle mißachtet und verhöhnt. Ganz ebenso seien die ungehorsamen Bürger von Duderstadt verfahren. Zur Abstellung dieses
Unfugs habe er eine Visitation der Kirchen angeordnet und dabei
die eingerissenen Uebel beseitigen lassen. Seine „Landsassen und
Unterthanen" hätten mehrenteils ihren schuldigen Gehorsam ganz
williglich, ja auch mit großem Verlangen, Frohlocken und Dank-
sagung geleistet." Nur in etlichen Dörfern hätten einige, (doch
nicht alle) von der Ritterschaft, die angeordnete Visitation zu
verhindern und „ihre Eingriffe und Thathandlungen zu konti-
nuiren sich unterstanden." Bürgermeister und Rat zu Duderstadt
samt ihren anhangenden Rädelsführern hätten die von ihm eingesetzten Pfarrer verspottet und verhöhnt, die Bürger, welche gern seine
Pfarrer gehört, „zum höchsten verfolgt und mit Verjagung bedroht."
Einen solchen Ungehorsam habe er nicht dulden können, da, wenn
demselben nicht Einhalt gethan, man „in kurzen kein Christianismum
sondern lauter Atheismum" beim gemeinen Mann spüren würde.
Die Kurfürsten von Brandenburg und Sachsen, sowie andere
Stände, welche „Recht und Billigkeit lieben," würden ihm nach

dem Verlaufe der Sachen seine Anordnungen nicht verdenken, noch viel weniger seiner Kirche in seinem Erzstift Maß und Ord= nung geben wollen, dafür er Niemand als Gott Rechenschaft schuldig."

Nach Empfang dieser Antwort von seiten des Mainzer Kurfürsten erwiderte der Kaiser, genau bekannt mit den Ansichten des Kurfürsten August von Sachsen, den evangelischen Ständen auf deren Replik, er könne in Sachen der Deklaration nichts thun ohne Zustimmung der katholischen Stände, eine solche sei aber nicht zu erwarten, er sei daher außer Stande ihre Bitte zu erfüllen. Der Beschwerden, welche ihm überreicht worden, ge= dachte der Kaiser nicht. Da nun auch der Kurfürst von Branden= burg und einige andere Fürsten sich zur Nachgiebigkeit entschlossen, so mußten der Kurfürst von der Pfalz und Landgraf Wilhelm diesem Beispiele folgen, und sämtliche evangelische Fürsten be= willigten die geforderte Türkensteuer, wenn sie auch mit Ausnahme von Kursachsen, diese Bewilligung „nur in suspenso et contra= dictione" (unter Vorbehalt des Widerspruchs) aussprachen, sich auch weigerten, den vorgeschlagenen Reichstags=Abschied zu unterschrei= ben, da in demselben des Religionsfriedens und der Deklaration nicht gedacht worden.

So ließen die evangelischen Stände zum zweiten Male sich die Gelegenheit entgehen, ihren unterdrückten Glaubensgenossen freie Religionsübung zu erwirken; es blieb wie bisher bei schwäch= lichen Protesten, und von den Hoffnungen, welche die Evange= lischen auf den Reichstag gesetzt hatten, wurde keine erfüllt. Die Schuld trifft vornehmlich den Kurfürsten von Sachsen. Hätte August sich nicht von seinen Glaubensgenossen getrennt, — aus welchen Gründen mag dahingestellt bleiben — [75]) wären die evan= gelischen Stände dem Rate einsichtiger Fürsten sämtlich gefolgt und auf dem Verlangen bestanden, daß, bevor irgend welche Steuer bewilligt, die Rechtsgültigkeit der Ferdinandeischen Deklaration anerkannt und die gerechten Beschwerden ihrer Glaubensgenossen abgestellt würden, so wäre wahrscheinlich ein Erfolg zu erreichen gewesen. Möglich ist es freilich auch, daß der schon damals vor= auszusehende, unvermeidliche Kampf der beiden Religionsparteien, früher als es geschah, hereingebrochen wäre.

Maximilian II. starb in der Stunde, als sein letzter Reichs-
tags-Abschied verlesen wurde. Mit dem Tode des Kaiser Maximilian II. (12. Oktober 1576), welcher um der Krone willen sich
vor seiner Wahl der ihm frühe entfremdeten katholischen Kirche
wieder zugewendet hatte, ohne jedoch aufzuhören, mit Lutheranern
vertraulichen Verkehr zu unterhalten und das evangelische Bekenntnis, wenn auch keineswegs unbeschränkt, in den östreichischen
Erblanden zu dulden, schwand die letzte Hoffnung, welche für die
Erhaltung der evangelischen Lehre in den unter geistlichen Fürsten
stehenden Territorien gehegt werden konnte. Unter der Regierung
seines Sohnes und Nachfolgers, Rudolfs II. verliefen alle Bemühungen der Evangelischen, gleiches Recht mit den Katholiken zu
gewinnen, im Sande. Von diesem Kaiser ist nichts als das
Versprechen zu erlangen gewesen, daß er auf die pünktliche Beob-
achtung des Religionsfriedens sehen, daß er „den geklagten Religionsbeschwerden halben keine Mühe und Arbeit sparen" und
darauf achten wolle, daß „zwischen beiderseits religionsverwandten
Ständen eine gute und aufrichtige Vertraulichkeit gepflanzt und
erhalten werde." [76]) Was Kaiser Rudolf unter einer solchen guten
Vertraulichkeit verstand, zeigte sich bald.

Während der Dauer des Reichstages hatten die kurfürstlichen
Beamten auf dem Eichsfelde es unterlassen, die Evangelischen mit
ihren Quälereien zu belästigen. Kaum war aber der Reichstag
geschlossen, als auch die Maßregelungen von Neuem begannen.

In dem Flecken Lindau ward der evangelische Geistliche vertrieben, die beiden Geistlichen in Berlingerode und Teistungen,
Mumpel und Schmidt, welche bisher in den festen Sitzen der von
Westernhagen Unterkunft und Schutz gefunden und hier für ihre
Schutzherrn Gottesdienst gehalten hatten, wurden aus den Schlössern
der Westernhagen verjagt. [77]) Die Ausfuhr und der Verkauf des
Duderstädter Bieres wurde von Neuem untersagt. Vergeblich
wandte sich der Rat am 24. März 1577 nochmals mit seinen
so oft schon vorgetragenen Bitten, sowie mit dem ferneren Ansuchen an den Kaiser, die Bürger nicht in der Freiheit des
Handels und Wandels beeinträchtigen zu lassen. [78]) Umsonst bemühte sich auch die Ritterschaft in einer am 1. Mai desselben
Jahres an den Kurfürsten Daniel gerichteten Eingabe, die freie

Ausübung des evangelischen Bekenntnisses für ihre Unterthanen, sowie die Milderung der von letzteren für den Bau des Jesuiten-Kollegs zu Heiligenstadt geforderten schweren Fuhren und Dienste (s. unten S. 88) zu erlangen. In dem vom 17. Juni datierten höchst ungnädigen Bescheide [79]) warf der Kurfürst den Rittern vor, daß sie um ihren Ungehorsam zu verdecken, sich nur zum Schein darauf bezögen, daß sie der Augsburgischen Konfession anhingen. Mit Hohn bemerkte Daniel, es könne ihn nur freuen, daß sie so große Fürsorge für ihre Unterthanen trügen; sie möchten dieselben deshalb in zeitlichen Sachen mit übermäßigen Frohnden verschonen, dann würden dieselben die ihnen in geist-lichen Dingen zugemuteten Frohndienste um so leichter tragen können. Dem Rate zu Duderstadt wurde durch einen besonderen kaiserlichen Kommissar, den Hofrat Achilles Ilsung, am 24. Sep-tember in schärfster Form geboten, die evangelischen Geistlichen aus dem Lande zu schaffen, von jeder Religions-Neuerung Abstand zu nehmen, die sämtlichen Kirchen der Stadt den von dem Kur-fürsten eingesetzten Geistlichen zu übergeben und ihrem Landesherrn sowohl in weltlichen als in geistlichen Dingen unbedingten Gehor-sam zu leisten; wer nicht gehorchen wolle, müsse auswandern. [80])

Trotz dieses Befehles stellten „Schultheißen, Rat, Gildmeister, Gilden und die ganze Gemeine zu Duderstadt" am 21. Dezember dem Kaiser vor, daß es sich bei ihnen um keine Neuerung, sondern um die Erhaltung der bisher nicht gestörten Ausübung des evan-gelischen Bekenntnisses handele. Es seien nicht einzelne Personen, sondern die gesamte Bürgerschaft, welche sich zum evangelischen Glauben bekenne. Sie könnten nicht samt und sonders auswan-dern, da sie Niemand finden würden, welcher ihnen ihren Besitz abnähme und so mit den Mitteln zum Abzuge sie versähe. Sie baten den Kaiser, als das Haupt der Christenheit, die von seinem Vater Maximilian II. in dergleichen Religionssachen, wie sie hier vor-lägen, verheißene kaiserliche Intercession eintreten zu lassen und ihnen die Möglichkeit zu gewähren, daß sie als gehorsame Unter-thanen ihrer rechtmäßigen Obrigkeit ein stilles und friedfertiges Leben zu führen vermöchten.

Auf diese Eingabe, welche gleich der früheren dem Kurfürsten zur Einsicht und Begutachtung zugefertigt war, erging am 4. Oktober 1578 die ziemlich barsche, schriftliche Aufforderung des Kaisers an den Rat: die geistlichen und weltlichen Hoheitsrechte ihres Landesherrn anzuerkennen, welcher nichts Anderes thue und von ihnen fordere, als was seines Amtes.[81])

Trotz aller dieser Mißerfolge hatte die Bürgerschaft noch immer nicht die Hoffnung aufgegeben, daß ihr eine gewisse Duldung gewährt werden würde. Der Rat bat am 7. Dezember die drei evangelischen Kurfürsten, unter Mitteilung von Abschriften der an ihn ergangenen kaiserlichen Befehle, sich sowohl bei dem Kaiser als bei dem Kurfürsten Daniel noch einmal für sie zu verwenden. — Auch an den Kaiser wandte sich der Rat, erklärte sich bereit, die einzige noch im Besitze der Evangelischen befindliche Cyriacus- Kirche den Katholiken zu übergeben, obwohl die Kirchen, die letztere inne hätten, für die geringe Anzahl derselben mehr als ausreichend seien, da der Kurfürst gerade diese Kirche für die Katholiken haben wolle; der Rat bat nur, daß den Evangelischen, welche die bei Weitem überwiegende Mehrzahl der Bürgerschaft bildeten, eine öde Kapelle überwiesen oder auch nur gestattet werde, sich sonst irgend ein Gebäude für ihren Gottesdienst ein- richten zu lassen.[82])

Weder diese Eingabe, welche der Rat dem Landgrafen Wilhelm abschriftlich mitteilte, noch die Fürbitte des letzteren vom 15. Dezember, noch die Verwendung der drei Kurfürsten vermochten in den Gesinnungen des Kaisers und des Kurfürsten Daniel eine Aenderung herbeizuführen. Kaiser Rudolf sandte die Schreiben der 4 Fürsten, sowie des Rats am 11. Februar 1579 an den Erzbischof Daniel, welcher sie Ersterem am 16. April mit dem Erwidern zurückgab: es sei eine völlig falsche Behauptung, daß der evangelische Kultus in Duderstadt bereits seit 20 Jahren aus- geübt worden. Noch im Jahre 1557 seien, wie sich aus den Protokollen nachweisen lasse, sämtliche Bürger Anhänger der alten Kirche gewesen (S. 35 u. 59). Erst einige Jahre später hätten die Neuerungen begonnen, es seien neue Prediger herbeigerufen, die geistlichen Benefizien geteilt und das Heilige mit dem Profanen vermischt worden. Er habe verlangt, daß dieser Unfug abgestellt werde, und lediglich gethan, was seines Amtes sei. „Ich kann doch," so schrieb Daniel, „unmöglich jedem Unterthanen erlauben, zu glauben und zu leben, wie er will, denn dann wird man allerlei verrottete Sekten, auch Türken und Heiden dulden müssen, was doch Niemand zugeben wird." Wenn sich jetzt der Rat dazu verstehen wolle, die von den Evangelischen widerrechtlich in Besitz genommene Kirche den Katholiken zurückzugeben, so thue er damit nur das, was er längst hätte thun sollen. Der Rat knüpfe aber an dieses Erbieten die Forderung, für den evangelischen Gottesdienst eine Kapelle einrichten zu dürfen. Er, der Kurfürst, könne sich mit seinen ungehorsamen Unterthanen doch nicht in Unterhandlungen einlassen, sondern er müsse unbedingte Unterwerfung unter seine Befehle fordern. Daniel bat endlich den Kaiser, die drei Kurfürsten und den Landgrafen zu ermahnen, daß sie ferner nicht mehr für solchen Unfug einträten. Der Kaiser möge ihm nicht zürnen, wenn er auf dem betretenen Wege weiter gegen seine Unterthanen vorgehe, vielmehr möge das Reichsoberhaupt sie zum Gehorsam anweisen, damit die Bürger, wenn weiterer Schade geschehe, sich diesen ganz allein zuzuschreiben hätten.[88]) Wie hatten sich doch die Verhältnisse seit 5 Jahren verändert. Noch 1574 war der Kurfürst nicht gemeint, „jemanden wider sein Gewissen zu beschweren, noch mit Gewalt zu zwingen"(S. 47); noch am 25. August 1575 wollte er die Duderstädter „nicht zur päpstlichen Religion bringen, sondern nur ein gut politisch Regiment aufrichten;" (S. 66) und jetzt erklärte es Daniel für unmöglich, jedem Unterthan zu erlauben, daß er glaube was er wolle.

Der Kurfürst von Mainz erhielt bald die Kunde, der Kaiser habe nicht allein die drei weltlichen Kurfürsten und den Landgrafen Wilhelm dahin beschieden, daß in Duderstadt den Bestimmungen des Religionsfriedens gemäß verfahren sei, und daß daher die Fürsten die Duderstädter nicht in ihrem Ungehorsam bestärken möchten, sondern er habe auch dem Rate zu Duderstadt eine sehr ernste Mahnung zum Gehorsam zugehen lassen. Sobald der Kurfürst bestimmt wußte, daß jener abschlägliche Bescheid in Duderstadt eingetroffen, ließ er die Einkünfte, welche die Stadt aus den Dörfern ihres ausgedehnten Gerichtsbezirkes bezog, durch seinen Amtmann mit Beschlag belegen, den Rat nochmals zur Uebergabe der Kirche auffordern und für den Fall weiteren Ungehorsams der Stadt eine Strafe von 500 Rthlr. androhen.[94])

Nun endlich fügte sich der Rat, da trotz der eifrigen Bemühungen
des Landgrafen Wilhelm, der wiederholt die drei evangelischen
Kurfürsten, seinen Bruder Ludwig, den Herzog Julius von Braunschweig und den Fürsten Joachim Ernst von Anhalt zu einem
gemeinsamen Vorgehen aufgefordert, von keiner Seite Beistand
zu erwarten war. Am 18. Juni 1579 übergab er die so lange
sorgsam gehüteten Schlüssel der Cyriacus-Kirche, in welche sofort
der erzbischöfliche Kommissar Bunthe, geleitet von dem Jesuiten
Leonhard Sauer, einzog und Gottesdienst hielt.

Auch in den ländlichen Ortschaften ging man jetzt gegen die
Evangelischen scharf vor. Im November 1578 fiel der Amtmann
von Stralendorf mit zahlreicher Mannschaft nächtlicher Weile in
die Westernhagenschen Gerichtsdörfer Berlingerode und Teistungen
ein, führte aus ersterem Orte 6 oder 7 Personen mit sich fort
und warf dieselben lediglich deshalb ins Gefängnis, weil sie ihren
evangelischen Glauben nicht aufgeben wollten. Auch in Teistungen, ließ Stralendorf einen Westernhagenschen Dienstboten (den
Schafmeister) aus dem gleichen Grunde aufheben, derselbe rettete
sich aber durch die Flucht. [55]) Wahrscheinlich bei dieser Gelegenheit wurde auch der Besitzer von Teistungen, der mehr genannte
Heinrich von Westernhagen, von Haus und Hof getrieben; er
floh nach dem Schlosse Plesse bei Göttingen, wo er sich noch am
28. Dezember 1579 befand. [56]) Schon etwas früher, wahrscheinlich im Frühjahr des letztgedachten Jahres, drang der erzbischöfliche Kommissar mit einem bewaffneten Haufen in Deuna ein,
vertrieb den evangelischen Geistlichen Andreas Wacker, nahm die
Kirche in Besitz und setzte den Jesuiten Lucas Maurer als Pfarrer
ein. [57]) Es muß als eine natürliche Folge dieser Gewaltthat erscheinen, daß die Bewohner von Deuna, welche sich seit mindestens
50 Jahren (S. 16) zum evangelischen Glauben bekannten und
bis dahin in offener Ausübung desselben nicht gestört worden
waren, noch besonders aufgereizt durch den übergroßen Eifer, mit
dem Maurer ihre verlorenen Seelen für die allein seligmachende
Kirche zu gewinnen suchte, sich zusammenrotteten und wahrscheinlich
vereint mit den ebenfalls evangelischen Einwohnern des dem
Grafen von Schwarzburg zuständigen Dorfes Gerterode das Pfarrhaus überfielen, den verhaßten Jesuiten, nachdem sie ihn mit

einer Tracht Prügel bedacht, aus dem Dorfe jagten und ihn für den Fall seiner Rückkehr mit dem Tode bedrohten. Erst einige Jahre später finden wir wieder einen Geistlichen, und zwar einen evangelischen, in Deuna, welcher aber von seinem Glauben abfiel und dadurch die dauernde Katholisierung der Bewohner herbeiführte (siehe Heft II). Es kann nur Wunder nehmen, daß die von den kurfürstlichen Behörden auch an andern Orten in gleicher Weise geübten Gewaltthaten die gequälte Bevölkerung nicht öfter zu ähnlichen Ausschreitungen hinriß; nur diese eine ist bekannt.

Am 12. Oktober 1578, eines Sonntags früh, kam der kurfürstliche Vogt zu Worbis mit etlichen hundert bewaffneten Knechten in das unter der Hoheit der Herzöge von Braunschweig-Grubenhagen stehende Dorf Rüdigershagen, in welchem bisher Pastor Wacker aus Deuna die Seelsorge wahrgenommen hatte, drang bis vor die kleine, auf dem Hinterhofe des von dem Hagen'schen Schlosses gelegenen Kapelle, ließ die Kirchenthür mit Bäumen aufstoßen und in derselben durch einen ihn begleitenden römischen Priester eine Messe lesen. Nachdem der Vogt die Kapelle sodann wieder mit neuen Schlössern versehen hatte, zog er mit den Schlüsseln ab. Mußten auch auf Reklamation des Herzog Wolfgang von Braunschweig die Schlüssel der Kapelle herausgegeben und diese selbst am 1. Februar 1579 der evangelischen Gemeinde wieder überlassen werden, so fand sich doch schon am 8. Februar der erzbischöfliche Kommissar Bunthe selbst, geleitet von dem Vogte zu Rusteberg und einigen hundert Reisigen, in Rüdigershagen ein, bemächtigte sich in gleicher Weise der Kapelle und forderte von den Bewohnern des Dorfes, freilich vergeblich, die Ausantwortung des von denselben bereits in Sicherheit gebrachten Abendmahlkelches und anderer Kirchenräte. — Auch diesmal mußte die Kapelle den Evangelischen wieder eingeräumt werden. — [81])

Am ungestörtesten von sämtlichen Orten des Eichsfeldes blieben die Dörfer des Gerichtes Bodenstein, in deren kirchliche Verhältnisse sich weder der Amtmann, noch der erzbischöfliche Kommissar seit dem mißlungenen Visitationsversuche im Frühjahr 1575 (S. 52) einmischte. Pastor Landstein, welcher dem oben (S. 40) genannten Pastor Müller im Jahre 1571 oder 1572 in dem Pfarramte zu Tastungen gefolgt war, hatte seine Stelle

6*

unter welchen Verhältnissen ist unbekannt im Jahre 1576 oder
1577 verlassen und war nach Ascherode in die Grafschaft Honstein
gezogen. Die frei gewordene Pfarrei war mit Genehmigung des
Grafen von Honstein durch Hans von Winßingerode zu Scharfenstein dem zu Walkenried examinierten und ordinierten Wolfgang
Höne aus Jlmenau verliehen worden; derselbe war bis 1575
Lehrer der Kinder des Christoph von dem Hagen zu Deuna gewesen und hatte später eine gleiche Stellung in Scharfenstein be-
kleidet.⁸⁹) Pastor Landstein, welcher wegen der auf die Pfarr-
länderei zu Tastungen verwendeten Gelder noch Forderungen
erheben zu können glaubte, hatte sich deshalb bei seinem damaligen
Patron Heinrich von Salza zu Ascherode beklagt, und dieser hatte
die Klage Landsteins am 1. Juni 1578 an Kurfürst Daniel mit
der Bitte gesandt, ihr Folge geben zu lassen. Der Kurfürst
ließ darauf diese Eingabe des von Salza durch dessen Vogt zu
Buhla, nicht durch seinen Kommissarius, am 12. Juli dem von
Winßingerode mit dem Bemerken zustellen, er kenne die Sache
nicht, sollte sich dieselbe aber so wie angegeben verhalten, so befehle er, daß Landstein befriedigt werde, „damit wir ferner mit
solchen Klagen verschont bleiben."⁹⁰) Nicht so vorsichtig, wie der
Kurfürst, verfuhr der Konvent des Klosters Teistungenburg. Von
dem erzbischöflichen Kommissar Bunthe am 6. September 1578
angewiesen, „den Prädikanten in Tastungen und Wehnde alsbald
abzuschaffen," forderte der Konvent Pastor Höne zur Verantwortung nach Teistungenburg vor, obwohl die Pfarrei zu Tastungen niemals von dem Kloster abgehangen, und obwohl letzteres
das ihm über die Pfarrei zu Wehnde zugestandene Patronat seit
mindestens 20 Jahren, ja wahrscheinlich seit einem doppelt so
langen Zeitraume, nicht ausgeübt hatte (S. 40). Pastor Höne
begab sich, als er am 17. September diese Vorladung erhielt,
sofort nach Scharfenstein und von dort mit einem Briefe des
Hans von Winßingerode an Graf Volkmar von Honstein nach
dessen Residenz zu Lohra. Dieser verwahrte sich sehr energisch
gegen diesen Eingriff in seine Rechte, indem er von Andreasberg
am 22. September dem erzbischöflichen Kommissar zu Heiligenstadt seine Verwunderung über dessen Einmischung in die kirchlichen Verhältnisse des Gerichts Bodenstein zu erkennen gab. Auch

ohne die Erinnerung des Kommissars versehe er seine Unterthanen mit getreuen Seelsorgern. Ihm sei bekannt, daß die Kirchen zu Tastungen und Wehnde „mit einem gottesfürchtigen Seelsorger besetzt worden, der in Lehre recht, im Wandel unsträflich, auch legitime vocieret und ordinieret sei. Er wisse die Anstellung dieses Geistlichen gegen Gott und Jedermann zu verantworten" und er erwarte, der Kommissar werde sich jedes Vorgehens gegen diesen Geistlichen enthalten.[91] Infolge dessen blieb Pastor Höne fortan lange Zeit unbehelligt. Das Versprechen des Kurfürsten Daniel, die Bewohner des Gerichts in Ausübung des evangelischen Bekenntnisses nicht zu beunruhigen, (S. 42) war noch nicht völlig in Vergessenheit geraten.

Alle Gewaltmaßregeln, die Kurfürst Daniel anwenden ließ, hatten aber aus den evangelischen Eichsfeldern keine Katholiken gemacht. — Er war vielmehr durch die Erfahrung belehrt worden, daß die Eichsfelder, fast sämtlich in reformatorischen Anschauungen groß geworden, viel zu sehr von deren Wahrheit durchdrungen waren und viel zu fest an dem von ihnen als richtig erkannten Glauben hingen, als daß sie durch die bisherigen Bedrückungen allein zur Aufgabe ihrer Ueberzeugung vermocht und wieder unter das Joch der römischen Kirche gebeugt werden konnten. Kurfürst Daniel war auch zu klug, um nicht einzusehen, daß, wenn er die katholische Kirche auf dem Eichsfelde wieder zur herrschenden machen wolle, er sich erst ein neues, seinen Wünschen gefügiges Geschlecht erziehen und zu dem Zwecke auf die bisher arg vernachlässigten Schulen größeren, ja unbeschränkten Einfluß gewinnen müsse. Außerdem verkannte er nicht, daß es gelte, dem Mangel an katholischen, für seine Zwecke brauchbaren Geistlichen abzuhelfen, welcher Mangel sich desto fühlbarer machte, je mehr evangelische Geistliche vertrieben wurden.[92] — Alles dies hoffte Daniel durch die dauernde Berufung der Jesuiten nach dem Eichsfelde zu erreichen. Diese Hoffnung hat ihn nicht betrogen, wenn sie sich auch erst nach Jahrzehnten erfüllte.

Schon kurz nach dem Besuche des Eichsfeldes im Sommer 1574 hatte Daniel sich entschlossen, für die Jesuiten, die er sowohl in Mainz, wo dieselben seit längerer Zeit angesiedelt waren, (S. 37) als auch bei ihrem ersten Auftreten auf dem Eichsfelde als raftlos thätige Werkzeuge Roms kennen und schätzen gelernt hatte, ein eigenes Kollegium zu errichten und mit demselben eine Schule zu verbinden.

Der Rat zu Heiligenstadt, der damals noch fast ausschließlich evangelische Mitglieder zählte, erhielt am 22. August 1575 den Auftrag, einen geeigneten Bauplatz für das Kollegium zu er= mitteln. [93]) Noch ehe der Bau begonnen, errichteten die 5 Jesuiten welche sich nach und nach in Heiligenstadt eingefunden, in der ihnen zur Wohnung angewiesenen Kurie des Martinsstiftes eine Schule. Um dann den Bau des Kollegiums nach allen Kräften zu förbern, wurden die Bauern, nicht nur aus den kurfürstlichen Aemtern, sondern auch aus den abligen Gerichtsdörfern in weitem Umkreise von Heiligenstadt gezwungen, die erforderlichen Materi= alien herbeizuschaffen und auf der Baustelle Handbienste zu leisten, obwohl alle diese Bauern sich damals noch fast ausnahmslos zum evangelischen Glauben bekannten. Die gegen diese Belastung der protestantischen Bewohner des Eichsfeldes erhobene Beschwerde blieb ohne jeden Erfolg (S. 81). Schon während des Baues sammelten sich zahlreiche Schüler in dem provisorischen Lokale. Freilich scheint die Schule, obwohl der Unterricht unentgeltlich erteilt wurde, bei den Bewohnern des Eichsfeldes, besonders bei den Heiligenstädter Bürgern, sich keiner allzugroßen Beliebtheit erfreut zu haben. Der Jesuit Wolf weiß zwar zu berichten, daß im Jahre 1577 „außer den Landeskindern mehr als 50 fremde Schüler aus Hessen, Thüringen, Braunschweig und Westphalen" Aufnahme in der Schule gefunden hätten, er unterläßt aber hin= zuzufügen, wie groß die Anzahl der „Landeskinder" war, was sicher nicht vergessen sein würde, wenn diese Zahl eine einiger= maßen ansehnliche gewesen wäre. [94]) Ein paar Zeilen weiter er= zählt derselbe Schriftsteller, daß es den „fremden Schülern an anständigen Quartieren und Kosthäusern gefehlt habe; die ärmere nicht kleine Anzahl von Bürgern konnte keine Studenten auf= nehmen, und die Bemittelten wollten nicht aus Haß gegen die Jesuiten und die katholische Religion."

Aber auch die katholischen Bewohner Heiligenstadts, unter ihnen die Stiftsgeistlichen scheinen sich ebensowenig als die Evan=

gelischen zu den Jesuiten hingezogen gefühlt zu haben. Die Jesuiten hatten dem Martinstifte gegenüber den Wunsch ausgesprochen, daß ihnen die dem Stifte gehörigen Lieb=Frauen= und Aegidien= Kirchen abgetreten werden möchten. Dieser Wunsch aber hatte bei dem Stifte um so geringeren Beifall gefunden, als man bei dem Bau des Kollegs mit den zu diesen Kirchen gehörigen Pfarr= häusern nichts weniger als schonend umgegangen war, und dieselben vielleicht ohne Vorwissen, jedenfalls ohne Zustimmung des Stiftes, abgerissen hatte. Letzteres setzte den Kurfürsten am 18. Septem= ber 1580 von dem Wunsche der Jesuiten, in den Besitz der beiden Kirchen zu gelangen, in Kenntnis, trug dabei aber seine Bedenken gegen die Ueberlassung der Kirchen an den Orden vor und machte, anscheinend in sehr bescheidener Weise, auf den ohne sein Mit= wissen erfolgten Abbruch der ihm gehörigen Pfarrhäuser aufmerk= sam. Der Kurfürst hatte nach seinem Erlasse vom 24. September⁹⁵) sehr geringe Teilnahme für die Bedenken und Klagen des Stiftes. Er konnte oder wollte nicht begreifen, daß die Abtretung der Kirchen an die Gesellschaft Jesu „einen Widerwillen zwischen euch und dem Rate geben möchte, dieweil die Patres zur Ehre Gottes und Anpflanzung der Jugend, auch unseres wahren katholischen Glaubens dorthin verordnet seien, zu desto mehrer Beförderung des Gottesdienstes aber dienliche Kirchen haben müssen." Das Stiftskapitel würde nur Nutzen von der Erfüllung des Wunsches der Jesuiten haben, da dann der bisher vom Stifte für jene beiden Kirchen „verordnete Pfarrer, da er der Predigt und des Amtes enthoben, desto besser im Stifte ... dienen könne, ihm auch der Pfarrdienst leichter werde." „Was dann," so fuhr der Kurfürst fort, „die angezogene Einreißung der beiden Pfarrhäuser in beiden Pfarren Mariae und Aegibii, wann und von wem oder aus was Geheiß solches geschehen sei, belangen thut, davon wissen wir Nichts, wollen aber von euch mehrer Berichts, wer dieselben eingerissen oder ob sie wegen Ohnbeüeß (Baufälligkeit) selbst in Abfall gerathen, uns ferner darüber zu resolvieren, gewarten." Der Kurfürst wollte nicht begreifen, daß die Uebergabe gerade dieser beiden, früher in den Händen der Evangelischen gewesenen Kirchen an die Jesuiten den Rat, in dem sich noch protestantische Mitglieder befanden, erbittern mußte. Noch weniger Eindruck

hatte es auf ihn gemacht, daß bei dem Bau des Kollegs die
diesen anscheinend störenden Pfarrhäuser ohne Einwilligung des
Eigentümers abgerissen waren. Das Stift gab infolge dieses
Bescheides seinen schwachen Widerstand auf und überantwortete
beide Kirchen dem Orden.

Schon im folgenden Jahre war der Bau vollendet und die
Jesuiten konnten ihr neues Kolleg am 9. Mai 1581 beziehen.
Nicht nur für die Väter Jesu selbst setzte der Kurfürst eine für damalige Verhältnisse recht reichliche Dotation aus seinen Kammer-
gefällen aus, sondern er bestimmte bereits 1579, daß zur Unter-
haltung von sieben Schülern, welche als erzbischöfliche Alumnen
sich dem Priesterstande widmen wollten, einige Naturalien verabreicht
werden sollten. „Ein sehr weiser und nützlicher Gedanke, besonders
für die damaligen Zeiten, da der Mangel an Seelsorgern so
groß war." [96])

Mit einem oft übergroßen Eifer, mit bewundernswürdiger
Klugheit und Ausdauer verfolgten die Jesuiten, ausgiebig unterstützt von den weltlichen Behörden, ihr Ziel, die Bewohner des
Eichsfeldes zum Uebertritte zur römischen Kirche zu bewegen.
Nichts vermochte diese fanatischen Sendboten Roms in ihrem
rastlosen Bemühen aufzuhalten, weder der oft wildentflammte Zorn
des Volkes, welcher bis zur Mißhandlung einzelner Patres führte
(S. 85), die mit Steinwürfen bedroht wurden, wenn sie in bisher evangelischen Kirchen zu predigen versuchten, [97]) noch der offen
ausgesprochene Haß des größeren Teiles der Bevölkerung. Bald
gingen sie hier in gewaltthätiger Weise gegen diejenigen vor,
welche sie für schwach hielten, bald nahten sie dort sich in freund-
licher und schmeichlerischer Weise den Starken. Hier unterrichteten
sie Kinder, dort predigten sie unerschrocken mitten unter ihren
Gegnern; hier beteiligten sie sich am frohen Feste, dort drängten
sie sich ungebeten an ein Kranken- oder Sterbelager, um den
letzten Versuch zu machen, die scheidende Seele für ihren Glauben
zu gewinnen. Mit hingebender Aufopferung widmeten sie sich,
als im Jahre 1581 die Pest ausbrach und auf dem Eichsfelde
viele Menschen hinwegraffte, der Krankenpflege, die einem der
Ordensbrüder, Martin Weinrich, das Leben kostete. [98])

Trotz aller dieser Mühen aber gelang es den Jesuiten nicht, dem Volke Vertrauen einzuflößen oder gar dessen Liebe zu gewinnen. Das Volk sah damals noch klar genug, um zu erkennen, daß ihr Mut, ihre Aufopferung weniger einer selbstlosen Menschenliebe, als einem unbezähmbaren Ehrgeize, einer Herrschsucht sondergleichen entsproß. „Der Haß der Protestanten wider Alles, was nur Katholisch und vorzüglich Jesuit hieß, war zu stark, als daß sie nur Einen hören mochten, ja daß in manchen Orten öffentlich angeschlagen und bei Strafe verboten war, in die Predigt eines Jesuiten zu gehen."

So ging das von den Jesuiten begonnene Bekehrungswerk trotz ihres rastlosen Eifers und trotz aller angewandten Gewaltthätigkeiten nur äußerst langsam von statten. „Die verdächtigen Lieder," an anderen Orten heißt es, „die lutherischen Gesänge," welche das Volk „nach der Predigt gar zu gern gesungen hatte," konnten erst im Jahre 1583 durch katholischen lateinischen Gesang verdrängt werden. Bis zu derselben Zeit erhielt sich in mehreren Orten (genannt werden Bickenriede, Küllstedt und Wachstedt, sämtlich nicht weit vom Kloster Annrode) der Gebrauch „zwei, drei und mehr Personen zugleich zur Beichte anzunehmen und loszusprechen."

Nach den eigenen Aufzeichnungen der Jesuiten hatten sie in den Jahren von 1577 bis einschließlich 1581, also in 4 bis 5 Jahren „nicht mehr als 126 Personen auf dem Eichsfelde mit der katholischen Kirche auszusöhnen vermocht." [99])

Als Kurfürst Daniel nach 27jähriger Regierung am 21. März 1582 die Augen schloß, war trotz aller seiner Anstrengungen, und obgleich er sich nicht gescheut hatte, List und Gewalt in reichem Maße anzuwenden, das von ihm mit Hilfe der Jesuiten begonnene Bekehrungswerk noch nicht viel weiter gediehen, als er es vor 7 Jahren begonnen. Der Gehorsam, den nach seinem Berichte vom 18. August 1576 (S. 78) die Landsassen und Unterthanen seiner Kirchenvisitation „mit Verlangen, Frohlocken und Dank" entgegengebracht, war entweder sehr schnell wieder verschwunden, oder nie vorhanden gewesen. Um die Liebe seiner evangelischen Unterthanen hatte sich Kurfürst Daniel nie bemüht;

daß diese nicht allzusehr um ihn trauerten, ist natürlich. Aber auch die volle Zufriedenheit seiner Lieblinge, der Jesuiten, hatte er nicht zu erringen gewußt; diesen war er, ein geistlicher Fürst, der nicht einmal aus seiner nächsten Umgebung in Mainz die Protestanten und protestantische Gesinnung völlig zu verbannen gewußt, noch lange nicht streng genug gegen die Bekenner des evangelischen Glaubens gewesen. [110])

Abkürzungen

nebſt einer literargeſchichtlichen Notiz über Johann Wolf.

Für die am meiſten benutzten Werke und Archive ſind in den nach-
ſtehenden Anmerkungen die nachbezeichneten Abkürzungen gebraucht.

Burgharb: Dr. Wilhelm Burgharb, die Gegenreformation auf dem Eichsfelde 1574—1579 Inaugural-Diſſertation. Teil I bis zum Schluß des
Regensburger Kurtages. Marb. 1889. T. II bis zum Jahre 1579. Hannover 1890.

Gubenus: B. F. de Gubenus, codex diplomaticus exhibens anecdota
Moguntiaca Tom. I Göttingae 1743. Tom. II—V Francofurti et Lipsiae
1747—1768.

Hanſtein: „Urkundliche Geſchichte des Geſchlechts der von Hanſtein in dem
Eichsfelde in Preußen (Provinz Sachſen) nebſt Urkundenbuch und Ge-
ſchlechtstafeln,“ T. I u. II, Caſſel 1856 u. 1857.

Havemann: „Geſchichte von Braunſchweig und Lüneburg,“ 3 Bände, Göttingen 1853/1857.

Heppe: „Dr. Heinrich Heppe, die Reſtauration des Katholizismus in Fulda,
auf dem Eichsfelde und in Würzburg.“ Marburg 1850.

Kluckhohn: Auguſt Kluckhohn, Geſch. Friedrich des Frommen Kurfürſten
v. d. Pfalz, Nördlingen 1879.

Merz: Otto Merz, Thomas Münzer und Heinrich Pfeiffer 1523—1525.
T. I, Göttingen 1889.

Ritter: Moritz Ritter, Deutſche Geſchichte im Zeitalter der Gegenreformation und des 30 jährigen Krieges, Stuttgart 1890.

Wintzingerode: Eberhardt v. Wintzingerode, Stammbaum der v. Wintzingerode, Göttingen 1848.

Weißenborn: Dr. Weißenborn, Akten der Univerſität zu Erfurt (Ge-
ſchichtsquellen der Prvz. Sachſen Bb. III), T. I u. II, Halle 1881/1884.

Wolf P. G. d. E.: Johann Wolf, Politiſche Geſchichte des Eichsfeldes, T. I
u. II, Göttingen 1792/1793.

„ A. v. d. g. C.: Derſelbe, Hiſtoriſche Abhandlungen von den Kommiſſarien
im Erzſtifte Mainz, beſonders von denen im Eichsfelde, Göttingen 1797.

„ G. d. P. z. N.: Derſ., Diplomatiſche Geſchichte des Peterſtiftes zu Nörten,
Erfurt 1799.

Wolf G. v. H.: Johann Wolf. Geschichte und Beschreibung der Stadt Heiligenstadt, Göttingen 1800.

„ G. v. D.: Ders., Geschichte und Beschreibung der Stadt Duderstadt,
Göttingen 1803.

„ A. ü. d. H.: Ders., Kritische Abhandlung über den Hülfensberg im Harz-
departement im Königreich Westphalen, Göttingen 1803.

„ C. d. A. H.: Ders., Commentatio de Archidiaconatu Heiligenstadensi,
Göttingen 1809.

„ C. d. A. R.: Ders., Commentatio II de Archidiaconatu Nortunensi,
Göttingen 1810.

„ G. d. G. z. H.: Ders., Geschichte des Gymnasium zu Heiligenstadt von
1575—1774, Göttingen 1813.

„ C. R. G.: Ders., Eichsfeldische Kirchengeschichte Göttingen 1816 und Appendix zu derselben, Göttingen 1820.

„ C. U. B.: Ders., Eichsfeldisches Urkundenbuch, Göttingen 1819.

A. A.: Annroder Kloster-Archiv, im Besitz des Herrn Wiersdorf zu Annrode.

Barkefeld: Handschriftliche Chronik des Bürgermeisters Barkefeld vom Jahre
1683, im Stadt-Archive zu Duderstadt.

H'sches A.: von Hansteinsches Familien-Archiv, in Verwahrung des Herrn
Landrats von Hanstein zu Heiligenstadt.

Besenh. Kop. B. I u. II: Die beiden von Lippold von Hanstein in den
Jahren 1549—1575 gefertigten Copial-Bücher, im Besitz des Frhrr. von
Hanstein auf Besenhausen.

G. A.: von Wintzingerodisches Gesamt-Archiv zu Bodenstein, Kreis Worbis,
im Besitze der gesamten genannten Familie.

Ueber den gelehrten Jesuiten Johann Wolf, dem wir außer den vor-
stehend aufgeführten Werken noch zahlreiche mit vielem urkundlichem Material
ausgestattete Schriften zur Geschichte des Eichsfeldes verdanken, mögen hier
folgende Bemerkungen eine Stelle finden:

Johann Wolf war, wie er selbst — G. d. G. z. H. S. 75 — angibt,
am 19. Juli 1743 zu Kreuzeber, einem Dorfe an der Straße zwischen Heiligenstadt und Dingelstädt geboren. Am 14. September 1759 als Noviz in das
Heiligenstädter Jesuiten-Kolleg eingetreten, wurde er nach Vollendung seiner
Studien Lehrer der 5. Klasse (der Rhetorik) an der mit dem genannten Kolleg
verbundenen höheren Lehranstalt. Nachdem der Jesuiten-Orden vom Papste
Clemens XIV. aufgehoben und durch Kurfürst Emmerich Joseph von Mainz
am 19. September 1773 die Auflösung des Heiligenstädter Kollegs erfolgt
war, trat Wolf als Lehrer an dem in den Gebäuden des ehemaligen Jesuiten-
Kollegs zu Heiligenstadt von dem genannten Kurfürsten errichteten Gymnasium („Convict zum besten der studierenden Jugend") ein und verblieb in
dieser Stellung bis zu seiner im Jahre 1785 erfolgenden Ernennung zum
Canonicus des St. Peter-Stiftes zu Nörten. Im Jahre 1802 oder 1803

wurde er Mitglied der Akademie nützlicher Wissenschaften zu Erfurt und seit 1813 nennt er sich Licentiat der heiligen Schrift. Er starb zu Nörten 1825. Die durch die Nörtener Pfründe, eine Sinecure, ihm gewährte Muße benutzte Wolf, sich ganz den von ihm schon als Gymnasial-Lehrer betriebenen geschichtlichen Forschungen zu widmen. Wolf sammelte, indem er die Kloster- und Stifts-Archive des Eichsfeldes durchsuchte, eine große Anzahl von Urkunden und Urkunden-Abschriften und gab als die Frucht seiner Studien vom Jahre 1792 bis zu seinem Tode zahlreiche, fast ausnahmslos die Geschichte seiner Heimat und deren nächste Umgebung betreffende Schriften heraus, denen er fast durchweg Urkunden beifügte, welche zum Nachweise der Richtigkeit des Textes dienen sollten. So groß die Verdienste Wolf's als UrkundenSammler sind, so hat er doch nicht selten die von ihm veröffentlichten Dokumente nicht nach den vorhandenen Originalen, sondern nach sehr schlechten, lücken- und fehlerhaften Abschriften abdrucken lassen. Ferner hat Wolf in dem Streben, den Nachweis zu liefern, daß die Rechte des Erzbistums Mainz auf das Eichsfeld und viele in dessen Nähe gelegenen Gebiete unbestreitbar seien, nicht immer die notwendige Objektivität als Geschichtsschreiber gewahrt, ja wohl manche Urkunden, von denen er unzweifelhaft Kenntnis besaß, nicht veröffentlicht, weil sie jenem Streben Eintrag gethan haben würden. Vor allem aber ist Wolf den Grundanschauungen seines Ordens, der in der Reformation die Ursache allen Uebels überblickt, nie untreu geworden, so daß er die Unparteilichkeit, deren er sich rühmt — E. K. G. Vorrede S. VII — keineswegs immer innegehalten hat. Ja Wolf stellt in dem Texte seiner Werke zuweilen Behauptungen auf, welche mit dem Inhalte der von ihm selbst — allerdings meist in anderen Werken — veröffentlichten Urkunden nicht im Einklange stehen. Auch mit der Berufung auf nicht von ihm veröffentlichte Quellen hat es Wolf nicht immer genau genommen. So sind z. B. seine Hinweise auf Barkefeld's handschriftliche Chronik der Stadt Duderstadt sehr häufig irrig. Barkefeld's sehr eingehende Darstellung über die Verteilung und Erhebung der Land- und Türkensteuer widerspricht den von Wolf P. G. d. E. II, S. 127 ff. über diese Verhältnisse gemachten Angaben vollständig. Wolf behauptet, der Steuerfuß sei für die Geistlichkeit ein ungerechter, zu hoher, gewesen, Barkefeld dagegen weist — Cap. VI, Tit. 11, Blatt 485 ff. — unter Berufung auf die Rechnungen und Heberollen nach, daß die Geistlichkeit in unerhörter Weise bevorzugt worden. Wolf's Schriften, welche bisher ziemlich die einzige Quelle für die Spezial-Geschichte des Eichsfeldes gewesen, sind daher nur mit Vorsicht zu benutzen. In den vorliegenden Blättern, in denen sehr häufig auf Wolf's Werke Bezug genommen ist, hat sich mehrfach Gelegenheit geboten, die von ihm vorgetragenen und bisher anstandslos für begründet gehaltenen Anschauungen zu berichtigen.

Anmerkungen.

Einleitung.

Seite 2. 1. Wolf P. G. b. E. I. S. 102/115; 121/123; 131/132. II. S. 1/3; 6/13; 17/37 und 39/72. Diese Angaben erschöpfen die obwaltenden Streitigkeiten nicht.

S. 3. 2. Wolf A. v. d. g. C. S. 14; 26; 35 und vielen anderen Orten.

S. 4. 3. Wolf C. d. A. H. und C. d. A. R. Unter dem Patronate des Martinsstiftes zu Heiligenstadt, der Klöster Annrode, Beuern, Breitenbich, Gerode, Reifenstein, Teistungenburg und Zella standen 29 Pfarrkirchen des Eichsfeldes. — 4. Hsches.A. R. 93,95; Hanstein I. S. 299. II. S.277, ferner G. A. IV. 1. 4; Orig. Revers über Verleihung des Pfarrlehns zu Esplingerode am 29. August 1510, vgl. ferner daselbst X. 5.1; gleichzeitige Abschft. der Dorfeinigung von Niederorschel be 1565. — 5. Wolf E. R. G. S. 139/140. — 6. Gudenus IV. S. 576/579. —

S. 5. 7. Wolf E. R. G. S. 140. — 8. daselbst und Gudenus IV. S. 815. — 9. Herquet Mühlh. Urk.-Buch, S. 159 und 202. — 10. Gudenus IV. S. 542/43; 587 und Holzmann Herzynisches Archiv S. 569/580.

S. 6. 11. Weißenborn I u. II; und Wolf E, R. G. S. 137. Wolf giebt über den Einfluß der Erfurter Universität auf den Eichsfelder Klerus nur bis zum Jahre 1500 Nachricht. Von diesem Jahre an scheint nach Wolfs Ansicht dieser Einfluß ein Ende erreicht zu haben, während derselbe doch gerade in den ersten Jahrzehnten des 16. Jahrh. ein sehr großer war.

I. Beginn und Verbreitung der Reformation
bis zum Jahre 1574.

S. 8. 1. Dieterich III., Edler Herr zu Plesse, dessen Besitz mehrere Orte des Untereichsfeldes umfaßte, führte 1537 die Reformation in seinem Gebiete förmlich ein; vgl. Havemann II, S. 187. — 2. Die Verlegung des Stiftes zu Oberdorla, und mit ihm wohl des Sitzes des Archidiakonats, nach Langensalza war zu Ende des 15. Jahrhunderts erfolgt. — 3. Wolf C. d. A. H. S. 19 u. 52; ferner derselbe C. d. A. R. S. 22 und E. R. G. S. 49. — 4. Havemann II, S. 177, Urk. vom 4. Febr. 1523.

S. 9. 5. Merz S. 53. — 6. Reifenstein, ein Kloster des Cisterziencer Ordens, Wolf E. R. G. S. 75. — 7. Hans von Entzenberg hatte seit 1520 einen kleinen Teil des Kurmainzischen Schlosses Scharfenstein pfandweise inne, den größeren Teil des Schlosses besaßen die Brüder Friedrich u. Georg von Wintzingerode. Den Pfandinhabern stand die Schutzvogtei über das Kloster Reifenstein zu. G. A. II, 3; D. I, N. 2. vergl. S. 33. — 8. Merz, S. 53 nennt den Amtmann des Eichsfeldes, welcher die Vertreibung Pfeiffers bewirkte, Bernhard von Hartungen. Im Jahre 1521 war Volkmar Vogt Amtmann des Eichsfeldes, Göttinger Urk.-B. N. 319, und blieb es bis 1522. Gudenus I, S. 982. Daselbst wird für das Jahr 1523 Bernardus de Hartheim als Amtmann genannt. 1524 treten nur kurfürstliche Räte auf, Göttinger Urk.-B. N. 325 und 1526; im Juli war Hans von Minnigerode Amtsverweser des Eichsfeldes. G. A. II. 3. G. 2.

S. 10. 9. Merz S. 57. — 10. daselbst S. 68. — 11. daselbst S. 69. — 12. daselbst S. 73. — 13. daselbst S. 100. — 14. daselbst S. 113. — 15. Wolf, Historische Nachrichten über Heinrich Pfeiffer Herzgn. Arch. S. 581/610.

S. 12. 16. G. A. X. 2. E. No. 1. Sammlung der im 16. Jahrhundert beschworenen Urpheden. — 17. Kurfürst Johann Friedrich von Sachsen löste den Ordenssitz, als dem Magdalenen-Hospital zu Gotha gehörig, erst im Jahre 1542 für 400 Goldgulden von Schmidt's Söhnen ein, um ihn am 4. Dezember 1543 an die Gebrüder Hans und Wilhelm Knorr, welche einen Teil des Gutes auf Grund eines Vertrages vom 24. Januar 1378 in Pfand hatten, für 1800 Goldgulden zu veräußern. Vgl. Wolf, E. K. G. S. 164. Annroder Archiv und Magdeb. Staats-Archiv. — 18. Herquet a. a. O. N. 649; Gudenus I, N. 373; Wolf, D. b. A. H. G. 32. — 19. Wolf a. a. D. S. 33.

S. 13. 20. Wolf a. a. D. S. 35. — 21. Wolf, a. a. O. S. 36 und Herzynisches Archiv. Stück IV. S. 569. — 22. Wolf, E. K. G. Urk. N. 49 vom 29. Juli 1540. — 23. A. A. Cop.-Buch Blatt 173. — 24. Wolf, E. K. G. S. 175. — 25. Wolf, E. K. G. S. 167 und 176, sowie Bericht des Jesuiten Elgard vom 16. Juni 1576, siehe S. 57. — 26. Leutfeld Antiqu. Walkenried II, S. 131/132. — 27. Vgl. über Bruns Göttinger Urk.-B. N. 82; 101. 165. 187. 188. 532. 548—602 u. 655, sowie Wolf, A. d. b. g. S. 80.

S. 14. 28. Wolf, G. d. P. N. S. 82/83 und die widersprechende Angabe daselbst, S. 291. — 29. Ueber Horneburg und Angerstein, siehe Wolf, G. d. P. N. S. 292. — 30. Wolf, E. K. G. S. 170 und Urk. N. 51. — 31. Wolf, G. d. P. N. S. 106. — 32. Wolf, E. K. G. Urk. N. 52.

S. 15. 33. Wolf, E. K. G. S. 163/164 und Wolf, A. d. g. S. S. 41.

S. 16. 34. Wolf, E. K. G. S. 177. — 35. Wolf, G. v. H. S. 57. Wolf hält die Angabe der übrigens nicht mehr aufzufinden gewesenen Chronik für irrig und meint, dieselbe sei unter Verschreibung der Jahreszahl — welche 1552 lauten müßte — einem Aufsatze der Jesuiten entnommen, welchen diese während der ersten Jahre ihres Aufenthaltes auf dem Eichsfelde verfaßt hätten. Siehe die Angabe Barkefeld's S. 31. — Heppe S. 78, läßt die Evangelisierung des Eichsfeldes 1542 gleichzeitig mit der Einführung der Reformation im Herzogth. Braunschweig-Münden unter der Herzogin

Elisabeth, beziehungsweise unter Anton Corvin beginnen. Hanstein folgt Heppe, anscheinend sich auf das Konzept einer Eingabe der von Hanstein an den Herzog von Braunschweig vom 19. Mai 1683 stützend, welches die irrige Behauptung enthält, in Wahlhausen sei 1542 der erste evangel. Prediger eingesetzt. Ueber diesen Irrtum siehe Wolf, C. K. G. S. 171 und derselbe C. d. A. H. S. 44. — 36. Weißenborn II, S. 237.

S. 17. 37. Die auf Deuna und Rüdigershagen bezüglichen Nachrichten sind dem im Pfarr-Archive zu Rüdigershagen befindlichen Alten und der auf Grund derselben 1842 vom Pastor Franz gefertigten handschriftlichen Chronik des genannten Dorfes entnommen. — 38. Der Verfasser hat diese Bibel noch vor etwa 40 Jahren gesehen. Wahrscheinlich ist dieselbe, als der damalige Besitzer von Deuna dasselbe an den Grafen vom Hagen auf Möckern abtrat und nach Amerika ging, mit dorthin gewandert. Graf Hagen besitzt übrigens in Möckern ebenfalls noch Andenken an Luther, welche ebenfalls von seinem im Text genannten Vorfahren herrühren sollen.

S. 18. 39. Förstemann, Wittenberger Univ.-Matrikel S. 63. — 40. Das Nähere über Conrad v. H., welcher im Treffen bei Kahlfeld am 21. Oktober 1545 die Hessischen Truppen führte, kurz darauf wegen Lehnsstreitigkeiten die Dienste des Landgrafen von Hessen mit denen Kaiser Carl V. vertauschte und für diesen Frankfurt a. M. verteidigte, bei Hanstein II, S. 238 ff. und Sleidanus an versch. Orten. — 41. Hsches. A. R. 308: Hanstein II, S. 302; Göttinger Urk.-B. R. 200 und 203; Gudenus I, S. 982.

S. 19. 42. Göttinger Urk.-B. R. 205; Wolf, C. K. G. S. 165. — 43. Wolf, G. v. H. S. 57. — 44. Weißenborn II, S. 215. — 45. Wolf, G. v. H. S. 223. — 46. G. A. III. 4. B. R. 127. Lehnsprotokolle. — 47 Wolf. C. K. G. S. 165,66 und Wolf Eichsfeldia docta S. 62. — 48. Sämtliche Orte gehören der Zeit zum landrätlichen Kreise Heiligenstadt. — 49. Hanstein II, S. 248. Schreiben des Amtmannes v. Graenrode vom 29. September 1549. — 50. Havemann II, S. 184. — 51. Heppe, S. 78 nimmt eine Beteiligung Corvin's an.

S. 20. 52. Weißenborn II, S. 298. — 53. Hsches. A. R. 181 Orig. eines Briefes Burghard's vom 21. März 1541; ferner Besenh. Cop. B. II, Bl. 36. Kaufvertrag vom 25. November 1559, ferner Hanstein II, S. 317. — 54. Hsches. A. R. 199. Orig. eines Briefes des Gf. Boppo von Hennberg vom 19. Mai 1555; die beiden Besenhäuser Cop. Bücher, sowie der Sammel-Band R. 199 im Hschen. A. rühren von Lippold her.

S. 22. 55. Besenh. Cop. B. I, Bl. 25/26. Probst Burghard erneute diese Belehnung nach dem Tode seines Bruders Conrad am 18. August 1556, und auch die beiden Nachfolger Burghard's in der Probstei. Johann Hespergh und Georg Doren, welche beide ebenfalls dem Fritzlarer Stifte, Ersterer als Canonicus, Letzterer als Canonicus und Custos angehörten, stellten bei oder kurz nach Uebernahme der Probstei, am 26. Juni 1565 resp. am 10. März 1568 neue Lehnbriefe über das Patronatsrecht für die v. H. aus. Später unterblieb die Belehnung, wahrscheinlich deshalb, weil der zu

dem Lehnbriefe vom 19. August 1545 vorgesehene Fall eingetreten war, der
Probst wegen Besetzung der Pfarrstelle mit einem evangel. Geistlichen mit
den v. H. in Streit geriet und Letztere die Dotation von 450 Goldgulden
zurückforderten. Ein Nachweis über diese Vermutung ist nicht zu finden. —
56. Besenh. Cop. B. I. Blatt 179. Wahrscheinlich war Pattberg durch Corvin
examiniert und ordiniert worden, ob Letzterem aber die evangelischen Geistlichen des Hansteinschen Gerichts unterstellt waren, ob eine und welche Kirchenordnung für diese Geistlichen festgestellt wurde, konnte nicht ermittelt werden;
siehe S. 29 und 30. — **57.** Hanstein II, S. 246.

S. 23. **58.** Rommel Gesch. Philipp des Großmütigen I, S. 497/500. —
59. Strube, Historie der Religionsbeschwerden I, S. 170. — **60.** Rommel
a. a. D., ferner Hsches. A. N. 199. Schreiben Sebastians an Herzogin Elisabeth von Braunschweig vom 27. Juni 1544; ferner Hanstein II, S. 241/2.
Schreiben desselben vom gleichen Tage an Statthalter und Räte zu Cassel.
— **61.** Besenh. Cop. B. I, Blatt 5.

S. 24. **62.** Hanstein II, S. 246 ff. nach dem im Hschen. A. befindlichen
Material. — **63.** Wolf, E. K. G. Urk. N. 51 von Mittwoch nach Palm. 1549.

S. 25. **64.** Theatr. diabolorum Frankfurt a. M. 1587 u. 1588 II, N. 17.
Schrift des Pfarrer Christoph Obenhin zu Ursel vom Eidteufel.

S. 26. **65.** Hanstein II, S. 246 ff. nach den im Hschen. A. vorhandenen
Concepten und Abschriften.

S. 28. **66.** Hsches. A. N. 199 gleichzeitige Abschr.; Hanstein II, S. 242.
Abbruck fehlerhaft. — **67.** Gudenus I, S. 984 giebt Graenrodes Amtszeit
irrig an.

S. 29. **68.** Hsches. C. N. 199 Orig. des Briefes und Concept der
Antwort.

S. 30. **69.** Daselbst no. 29 verschiedene Briefe Morlins. Siehe auch
Havemann II, S. 331. — **70.** G. A. IV, 2 A. Eingabe der Gemeinde Breitenholz vom 18. April 1594. — **71.** Pfarr-Archiv zu Rübigershagen.

S. 31. **72.** Wolf, G. v. D. S. 158. Urk. N. 82 dd. Steinhein 5. Novbr.
1554 und Wolf E. K. G. 171. — **73.** Barkefeld I, § 6. S. 11 zum Jahre
1554. — **74.** Wolf, E. K. G. S. 167 rühmt mit Unrecht: „Kurfürst Sebastian
habe es sich angelegen sein lassen, die beiden Religionsparteien so viel als
möglich in Ruhe und Frieden zu erhalten."

S. 32. **75.** G. A. III. 1. A. 1. Orig. Bericht Christophs v. d. Hagen zu
Deuna über die Vorgänge bei der Huldigung in Duderstadt und Heiligenstadt vom Juli 1555.

S. 33. **76.** G. A. II. 3. D. I. 3. Gleichzeitige Abschrift des Pfandbriefes
vom 4. Februar 1556. — **77.** Ritter I, S. 113. — **78.** Hsches. A. N. 204
und Hanstein II, S. 220.

S. 34. **79.** Hanstein II, S. 227 und 264. — **80.** Zeitschr. d. Harzver-
eins Bd. XXIV (1891) S. 88 ff. — **81.** Hanstein S. 223. — **82.** Wolf,
E. K. G. Urk. N. 69 vom 5. Oktober 1605, ferner daselbst S. 173/174, wo
Wolf den Probst Burghard mit seinem Bruder Conrad (Curt) verwechselt.

— 83. daselbst Urk. N. 65 vom 21. März 1559 und daselbst S. 174. —
84. Wolf, G. v. H. S. 58 und C. 141; C. R. G. S. 172; A. v. d. g. C. S. 110
und Wolf Appendix hist. ecclesiasticae Eichsf. S. 5 annus 1574. Wolf widerspricht sich bezüglich der Evangelisiernng Heiligenstadts mehrfach. Die G. v. H.
S. 141 wiedergegebene Inschrift in der Marienkirche, aus welcher er folgert,
daß diese Kirche erst 1560 von den Protestanten in Besitz genommen, ist
verstümmelt. Sie steht auf zwei Steinen, welche früher wohl kaum zu einander gehört haben, oder von denen einige Stücke fehlen.

S. 35. 85. G. A. IV. 2 A. Gleichzeitige Abschr. der Verf. Daniels dd.
Steinheim 2. Januar 1557. — 86. Wolf, G. v. D. S. 159 und C. R. G. S.
172. Die Angaben stimmen nicht völlig überein. Leider waren die „Religions-
Acten," auf welche Wolf sich stützt, nach der Auskunft des Magistrats zu
Duderstadt „nicht zur Hand." — 87. Wolf, C. R. G. S. 172/173. — 88.
Theat. diab. II, N. 16 enthaltend einen Nachdruck von Caspar Schmidts ein-
fältige und kurze Erinnerung vom Sabbatsteufel; ferner Zeitschr. f. christl.
Wissensch. u. christl. Leben Jahrgang 1855 N. 50 u. 51. Aufsatz von W. Thilo
über Schmidt.

S. 36. 89. W. Thilo Ludwig Helmbold nach Leben und Dichten 1856.
S. 100 und 247. — 90. Wolf, C. R. G. S. 173 und Urk. N. 55 vom Sonntag
nach Martini 1569 und N. 57 vom 3. Februar 1574.

S. 37. 91. J. Janssen, Gesch. b. deutschen Volkes III, S. 416. Die
Behauptung hat Janssen so gut für seine Geschichtschreibung gepaßt, daß
er dieselbe Bd. IV. S. 112 fast wörtlich wiederholt und sich zum weiteren
Beweise für deren Richtigkeit auf „eine spätere erzbischöfliche Klageschrift"
bezieht. Die Wahl dieses Beweismittels ist eine ebenso unglückliche, wie die
Bezugnahme auf sie in der vorhergehenden Anmerkung gedachten Urkunden.
Die angezogene Schrift richtete Kurfürst Daniel am 18. April 1576 an den
Kaiser, um sich gegen die von der Ritterschaft und von Duderstadt erhobenen
und auf dem Reichstage vorgebrachten Beschwerden zu verteidigen. Dieselbe,
gedruckt Wolf, G. v. D. Urk. N. 90, enthält nicht ein Wort von dem was
Janssen behauptet, sondern lediglich die Behauptung, die Abligen hätten versucht: „die Unterthanen und Landsassen mit Bezwang und selbst mit Gewalt
von der katholischen Religion abzuhalten." Siehe unten S. 78. Im
Interesse Janssens muß angenommen werden, er habe die Urkunden nicht
vor sich gehabt, als er sie zum Beweise für seine Behauptung anzog. Wäre
das was Janssen behauptet richtig, so würde der Kurfürst sicher nicht vergessen haben, dasselbe auch zu erwähnen. — 92. Hsches. A. R. 426. Gleichzeitige Abschrift und Hanstein II, S. 245. — 93. Wolf, G. v. H. S. 58 Wolf
nimmt auf Barkefeld XI, § 4 Bezug, wo ich die Worte nicht gefunden. —
94. — Serarius (bei Joannes) Lib. V. de Daniele S. 867/69 und 873/76,
ferner Ritter I, S. 188.

S. 38. 95. G. IV. 1. 3. Orig. der Verfügungen des Kommissars dd.
Simon und Judae 1562 und 12. Januar 1564, sowie des Berichtes des Pfarrers
Smedt zu Birkungen dd. Simon nnd Judae 1563 und Andere. — 96. Besetz.

Cop. B. I, Blatt 66, Verfügung des Kurfürsten vom 9. Mai 1571. — 97. Besenh. Cop. B. I, Blatt 25. Eintrag vom 23. November 1572, daß Jost von Hanstein in Wiesenfeld beigesetzt worden, „wegen des katholischen Geist= lichen in Geismar" wo Jost gestorben.

S. 39. 98. Leuckfeld, Antiq. Walkenried. I, S. 469. 476: Schmalings Honsteinsches Magazin S. 55, nach Eckstorms Chronik S. 210 und 220.

S. 40. 99. Serarius (bei Joannes) Lib. V de Daniele S. 879; Wolff, E. K. G. S. 173; Wintzingerode Tafel I, S. 17; Bote des Gustav=Adolf= Vereins f. d. Pz. Sachsen 1875; 1876; 1877 und 1891. — 100. Die Brüder Graf Volkmars erscheinen zwar zumeist als Mitregenten, nehmen aber an der Verwaltung nur selten Teil. — 101. G. A. IV. 5. A. III. d. 1. — 102. daselbst I. 5. A. 5. Orig. der Verhandlung dd. Wehnde 9. Dezember 1567, nach welcher Graf Volkmar selbst die Wiedereinsetzung Müllers bewirkte. — 103. daselbst I. 14. A. 5. Orig. Brief Grumbachs vom 14. Oktober 1566; vgl. auch Ortloff Gesch. der Grumbachschen Händel IV, S. 13 und vielen Orten. — 104. G. A. I. 11. A. 10 und I. 12. A. 1. Es kennzeichnet die Stellung Bertholds zum Grafen, daß Letzerer gegen Ersteren wegen Felonie, dieser gegen den Grafen wegen Landfriedensbruch bei dem kaiserl. Reichskammer= gerichte klagte.

S. 41. 105. Die Kurfürsten Moritz und August von Sachsen hatten auf das von dem Grafen von Honstein aufgehobene Kloster Walkenried und dessen reichen Besitz Anspruch erhoben; Kurfürst August hatte durch eine mit dem Domkapitel zu Halberstadt vorgenommene Vertauschung seiner Landes= hoheit über verschiedene Besitzungen der Grafen gegen Anrechte an der Graf= schaft Mansfeld, den Grafen auf das Höchste erbittert und eine ebenso große Erbitterung hegte der Graf gegen die Herzöge von Braunschweig, welche behaupteten, er sei die Schlösser Lauterberg und Scharzfeld nur als Pfand= nicht als Lehn=Güter inne habe, und welche ähnliche, später sehr energisch geltend gemachte Ansprüche auf Bodenstein erhoben. — 106. Havemann II, S. 373. Herzog Ernst hatte die Pfandschaft über die Mark Duderstadt dem Kurfürsten 1563 gekündigt.

S. 42. 107. G. A. I. 5. I. N. 1 u. 3. Gleichzeitige Abschriften des Ver= trags vom 1. April 1573. — 108. daselbst II. 3. W. 2. Gleichzeitige Abschriften der Briefe Graf Volkmars an Kurfürst Daniel vom 1. Januar, 8. März und 20. Juni 1576. — 109 G. A. I. 11. A. 9. Orig. — 110. daselbst II. 3. W. 2., die Anm. 108 genannten Briefe, und III. 1. C. II. Gleichzeitige Abschrift eines Briefes des Sächsischen Kanzlers Marcus Gerstenberg vom 21. März 1611, in welchem es unter Bezugnahme auf die Mainzer Ansprüche an den Boden= stein heißt: „Der Religion wegen hat es kein Bedenken, da deswegen im Honsteinschen Vertrage genugsam caviret worden." Vgl. auch Havemann II, S. 376. — 111. Wolf, P. G. d. E. U. Urk. N. 96 vom 24. November 1573 nach sehr fehlerhafter Abschrift; im G. A. III. 1. C. I. 3. mehrere gleichzeitige bessere Abschriften.

7*

S. 43. 112. Vaticanisch. Archiv Arm. 44. Vol. 22. fol. 21/27. Gregorii XIII epistolae ad principes viros et alios. ann. 2 et 3 vom 11. Juni 1573 Abschriften mitgeteilt von Dr. Burghard.

S. 44. 113. Kluckhohn S. 98 ff.; Ritter I, 153 und 211 ff.

II. Die Gegenreformation vom Jahre 1574 bis zum Tode des Kurfürsten Daniel von Mainz (21. März 1582).

S. 44. 1. Ritter I, S. 448 und 464. — 2. Wolf, C. K. G. S. 176 „mit einer starken Bedeckung, die ihm nötig zu sein schien."

S. 45. 3. daselbst „Daniel ... wünschte nichts sehnlicher, als sie (seine verirrte Eichsfeldische Heerde) bald zu besuchen und wieder unter seinen Hirten-stab zu bringen." Zur Erfüllung dieses sehnlichsten Wunsches hatte Daniel nicht weniger als 19 Jahre gebraucht. Kurfürst Sebastian hatte das Eichs-feld nie betreten, Kurfürst Albrecht war zuletzt 1537 auf demselben gewesen. — 4. Diese Mitteilungen über Stralendorf verdanke ich der Güte des Herrn J. von Stralendorf auf Gamehl und Preensberg bei Wismar. — 5. G. A. I, 8. 2. und I. 12. B. 2. Orig. der Briefe des Herzogs Philipp von Braunschweig-Grubenhagen an Berthold vom 28. April 1568 und des Herzogs Erich von Braunschweig-Münden und des Herzogs Wolfgang von Braunschweig-Gruben-hagen an Bertholds Wittwe vom 7. Juli und 11. September 1576.

S. 47. 6. Wolf, G. v. H. S. 59/60 und A. v. d. g. C. S. 112. — 7. Wolf, G. D. S. 161. — 8. Böddener war ein Lutherischer Prädikant aus Hessen, der mit Weib und Kind aufs Eichsfeld zog, und nach dem Tode seiner zweiten Frau katholischer Geistlicher und 1577 Probst in Annrode wurde. Wolf, Appendix S. 5.

S. 48. 9. G. A. IV. 5. A. III. d. 1. Orig. der Eingabe Bindseils vom 13. August 1574. — 10. daselbst IV. 2. A. Concept einer Eingabe an Graf Volkmar von Honstein dd. Adelsborn 12. Juli 1574.

S. 49. 11. A. A. Cop. B. Blatt 216/218. Vom Kloster Annrode wurden am 13. Juli 1574 300 Goldgulden „zur Einlösung des Schlosses Harburg" nach Heiligenstadt abgeführt.

S. 50. 12. Wolf, C. K. G. S. 178. — 13. Wolf, G. v. D. S. 162 und S. 168, beide Stellen stimmen nicht genau überein. — 14. Diese Commission bestand außer Stralendorf und Bunthe aus dem Mainzer Domherrn Philipp Craitz von Scharfenstein, den Doktoren beider Rechte Stephan Boner und Georg Oland, dem Probst Anton Figulus und den beiden Jesuiten Huckeshau und Michael.

S. 51. 15. Siehe unten S. 57 und 63. — 16. Wolf, G. v. D. S. 162 ff.

S. 52. 17. Wolf, C. K. G. S. 178 und G. v. H. S. 60. — 18. G. A. II. 3. W. 2. Orig. Bescheid Stralendorfs an die Gebrüder von Winzingerode vom 3. Februar 1575 und daselbst IV. 2. A. Concept der Eingabe der ge-nannten Gebrüder an den Grafen v. Honstein vom 21. Februar. — 19. G. A. IV. 2. A. zwei gleichzeitige Abschriften dd. 9. März ohne die Namen der Unterzeichner, ferner Hschs. A. R. 455 gleichzeitige Abschrift mit den Namen von 36 Unterzeichnern; siehe Hanstein II, S. 249 50 mit dem irrigen Datum 11. März und einigen Fehlern in den Namen („Rosentin" statt „Resehut") ferner Heppe Beilage IX, S. 251/256 nach einer Abschrift im Marburger Staats-Archiv dd. 9. März. Die Namen von nur 32 Unterzeichnern ibid. S. 66/67.

S. 53. **20.** Vaticanisch. Archiv Arm. 44. Vol. 22. fol. 297 (Abschrift Burghards).

S. 54. **21.** Vaticanisch. Arch. Nunziatura Germanica Vol. 76 unfoliirt. (Abschrift Burghards). — **22.** G. A. IV. 2. A. gleichzeitige Abschrift; Hsches. A. R. 446 desgleichen. Beide dd. 21. März, Hanstein II, S. 251; Heppe Beilage X, S. 257/60 dd. 22. März.

S. 56. **23.** Wolf, G. v. D. S. 64; Heppe, S. 82/53; Burghard I, S. 24/25. — **24.** Burghard I, S. 30 Note 60.

S. 57. **52.** daselbst und Heppe S. 57. — **26.** Vaticanisch. Archiv Epistolae Gregorii XIII, ann. 2 et 3. Arm. 44. Vol. 22. fol. 297; 301 u. 315 (Abschriften Burghards). — **27.** Theiners annal. ecclesiast. II, S. 43 im Auszuge. Die Anführungen sind einer vollständigen Abschrift des Briefes dd. Gerode 16. Juni 1575 entnommen (Abschrift Burghards).

S. 58. **28.** Wolf, A. ü. d. H. S. 59 irrte hiernach, wenn er — übereinstimmend mit den Tagebüchern, vgl. Appendix S. 7. — die Predigten der Jesuiten auf dem Hilfensberge am 18. Juni 1576 beginnen läßt. Elgard predigte nach seinem Schreiben am 22. Mai 1576 auf dem genannten Berge.

S. 59. **29.** Heppe, S. 3/6 nach dem durch Kurfürst August veranlaßten Druck. — **30.** Wolf, G. v. D. S. 164.

S. 60. **31.** Vatican. Arch. Nunziat. Germ. Vol. 76 unfoliiert (Abschrift Burghards). — **32.** Hanstein II, S. 252 ff.; Heppe S. 92 ff.; Burghard I, S. 38.

S. 61. **33.** Wolf, E. K. G. Urk. N. 58. — **34.** Hsches A. R. 447 gleichzeitige Abschrift; Hanstein II, S. 252 ff.

S. 62. **35.** Hsches. A. R. 449 gleichzeitige Abschrift des Berichtes der beiden Deputierten über ihre Sendung dd. Mainz 5. Juli. — **36.** siehe S. 55. — **37.** Die Richtigkeit dieser Behauptung läßt sich nicht durch ein einziges Schriftstück beweisen. Wäre sie wahr, so würde doch sicher später, als der Kurfürst und die römische Kirche die volle Gewalt in Händen hatte, und das Restitutionsedikt erlassen war, das Kirchengut zurückgefordert sein. Nicht einmal der Versuch einer solchen Rückforderung ist bekannt. — **38.** Ueber den Versuch, den Adel von der Bewegung zu trennen, wird später berichtet werden.

S. 63. **39.** Hsches. A. R. 448 gleichzeitige Abschrift.

S. 65. **40.** Wolf, E. K. G. Urk. N. 59. Schreiben des Claus von Leuthorst auf Lindau dd. 6. August, in dem er sein Fernbleiben von der Versammlung in Niedergandern am 11. August entschuldigt. — **41.** Die Eingabe an den Kurfürsten August ist nicht erhalten. Dessen Antwort vom 12. September siehe unten. Wegen der Eingabe an den Landgrafen Wilhelm siehe Heppe S. 93 und Burghard I, S. 39.

S. 66. **42.** Wolf, G. v. D. S. 165/165. — **43.** Wolf, E. R. G. S. 179 Note z. — **44.** Hsches. A. R. 450 und G. A. IV. 2. A. Beides Originale „den gestrengen unsern lieben besondern der gemeinen Ritterschaft des Eichsfeldes" gedruckt Wolf, G. v. D. Urk. N. 87.

S. 67. **45.** Burghard I, S. 29 ff. und 39 ff. wo die Bemühungen des Landgrafen im Interesse seiner Glaubensgenossen auf dem Eichsfelde sehr ausführlich geschildert werden. — **46.** der jüngste Bruder des Probstes Burghard und Lippolds. — **47.** Wolf, E. R. G. Urk. N. 60 dd. 1. Oktober 1575; Heppe S. 93; Burghard I, S. 90. — **48.** Burghard I, S. 34. — **49.** Burghard I, S. 35.

S. 68. **50.** Die Darstellung der Gründe, welche die evangelischen Kurfürsten, besonders August von Sachsen, verhinderte, die Anerkennung vom Kaiser zu erreichen, ist der Feder des Herrn Professor Dr. v. Kluckhohn entflossen. — **51.** Burghard I, S. 41 ff. sehr ausführlich nach dem Material im Marburger Staats-Archiv.

S. 69. **52.** Die Stellung Augusts von Sachsen zur Sache ist von Herrn Prof. Dr. v. Kluckhohn gezeichnet.

S. 70. **53.** Wolf, E. R. G. S. 153 und G. v. D. S. 72/73. — **54.** G. A. IV. 5. A. III. d. 1. Orig.-Bericht des Pastor Bindseil zu Reinholterode vom 13. August 1574. — **55.** Daselbst IV. 2. A. Orig.-Eingabe der Gemeinde Breitenholz vom 18. August 1594. — **56.** Wolf, E. R. G. Urk. N. 61 vom 14. Januar 1576. — **57.** daselbst Urk. N. 62 ohne Datum, und Heppe S. 101 und Beilage XII.

S. 71. **58.** Hanstein S. 257 und Heppe S. 101. — **59.** Wolf, G. v. H. S. 60 Note w. — **60.** Wolf, G. v. D. Urk. N. 59 und Burghard II, S. 2. — **61.** Wolf daselbst S. 170.

S. 72. **62.** Heppe S. 100. — **63.** Heppe Beilage XI siehe auch S. 104 und Burghard II, S. 14 ff.

S. 74. **94.** Wolf, E. R. G. S. 180. — **65.** Daselbst und Wolf, G. v. D. S. 170. — **66.** Burghard II, S. 16 ff.

S. 75. **67.** Ritter I, S. 504. — **68.** Burghard II, S. 18. Schreiben des Kurf. v. Brandenburg vom 16. April 1576.

S. 76. **69.** daselbst S. 19. Schreiben des Kurf. August vom 24. April 1576. — **70.** Ritter I, S. 501 und Häberlin neueste deutsche Reichsgesch. B. IX. S. 275/76 und 330/391.

S. 77. **71.** Ritter I, S. 505 und Burghard II, S. 38. — **72.** Burghard II, S. 31. — **73.** daselbst S. 25.

S. 78. **74.** Wolf, G. v. D. Urk. N. 90.

S. 79. **75.** Die Beweggründe Augusts bei Ritter I, S. 503. Kurfürst Friedrich legte ihm viel Schlimmeres, Eigennutz, unter. Siehe Kluckhohn Briefe Friedrich v. d. Pfalz N. 883.

S. 80. **76.** Heppe S. 121/122. — **77.** daselbst S. 124 wo „Linda" statt „Lindau" steht. — **78.** daselbst.

S. 81. 79. Wolf, E. K. G. Urf. N. 63. — 80. Heppe S. 124 und Burghard S. 46.

S. 82. 81. Wolf, G. v. D. S. 171. — 82. Heppe S. 125 ff.

S. 83. 83. daselbst. — 84. Wolf, G. v. D. S. 171 und Burghard II.

S. 84. 85. Heppe S. 129. — 86. Burghard II, S. 52. Brief Heinrichs
dd. Plesse 28. Dezember. — 87. Wolf, E. K. G. S. 184; Heppe S. 103;
Pfarr-Archiv z. Rübigershagen; Burghard II.

S. 85. 88. Pfarr-Arch. z. Rübigershagen.

S. 86. 89. daselbst und G. A. IV. 2. A. Benachrichtigung über Examinie-
rung und Ordinierung Hönes. — 90. G. A. IV. A. VI. 4. Orig.-Verfügung
Daniels vom 12. Juli und Abschrift der Eingabe dd. Ascherobe 1. Juli 1578.

S. 87. 91. G. A. IV. A. VI. 4. Orig.-Conc. und gleichzeitige Absch. —
92. Wolf, G. d. G. z. H. S. 7.

S. 88. 93. daselbst S. 2 u. 3. — 94. daselbst S. 4 u. 5.

S. 89. 95. Wolf, E. d. A. H. Urf. N. 82.

S. 90. 96. Wolf, G. d. G. z. H. S. 6/7. — 97. Wolf, G. v. D. S. 173
und E. K. G. S. 183. — 98. Wolf, E. K. G. S. 184.

S. 91. 99. Vorstehende Angaben sind Wolf, E. K. G. S. 186 und 187
entnommen.

S. 92. 100. Serarius (bei Joannes) Lib. V. de Daniele Cap. 24 u. 25
S. 554 ff. Der Jesuit Turner, welcher Mainz als Begleiter des jungen
Herzogs Ernst von Baiern (des späteren Erzbischofs von Köln) im Jahre
1581 besuchte, schrieb über seine Wahrnehmuugen in Mainz: „Sedet ad
clavum princeps catholicus, tractat clavum subditus haereticus. In ore,
in templo, in foribus est Bonifacius, sed Bonifacius pulchre pictus, in
mensa, in cubiculo, in consilio est Lutherus et Lutherus periculose
sedulus.

Von Druckfehlern bittet man zu verbessern:

Seite 14 Z. 13 v. u. 32 statt 33.

„ 16 „ 11 v. u. Geisleben statt Geileben.

„ 45 „ 5 v. o. 38 statt 33.

„ 51 „ 2 v. u. Verteibigungsschrift statt Verteitigungsschrift.

„ 62 „ 4 v. u. Rengelrobe statt Regelrobe.

„ 76 „ 7 v. u. ist „nicht" vor „weniger" zu tilgen.

„ 98 „ 1 v. u. letztes Wort: in statt zu.

§ 4. Der Vorstand des Vereins besteht aus wenigstens 15 Mitgliedern, die je auf 3 Jahre von der ordentlichen Generalversammlung gewählt werden. Derselbe ist befugt, sich nach Bedürfnis durch Cooptation aus der Zahl der Vereinsmitglieder zu erweitern. Scheiden Mitglieder in der Zwischenzeit aus, so ergänzt sich der Vorstand ebenso durch Cooptation. Die Wahl eines Vorsitzenden und die Verteilung der Geschäfte, namentlich die Einsetzung eines Redaktionskomitees, bleibt dem Vorstande überlassen.

§ 5. Die Mitgliederbeiträge sind alljährlich zu Ostern an den Schatzmeister abzuführen. Derselbe hat das Recht, sie durch Postauftrag einzuziehen, falls ihre Uebersendung nach einmaliger Aufforderung nicht erfolgt ist.

§ 6. Der Vorstand legt alljährlich den Mitgliedern einen gedruckten Jahresbericht vor, und alle drei Jahre ein Verzeichnis der Mitglieder.

§ 7. Der Vorstand bestimmt Zeit und Ort der Generalversammlungen. Die ordentliche Generalversammlung findet alle drei Jahre statt. Eine außerordentliche wird vom Vorstande einberufen, wenn ein besonderes Bedürfnis oder ein Antrag von mindestens fünfzig Mitgliedern es erfordert.

§ 8. Die ordentliche Generalversammlung wählt den Vorstand, hat dem Schatzmeister Decharge zu erteilen und über etwa eingelaufene Anträge zu beschließen.

§ 9. Veränderungen der Satzungen können nur mit Zweidrittel-Majorität der Generalversammlung vorgenommen werden.

§ 10. Bei einer etwaigen Auflösung des Vereins fällt das Vermögen desselben an die Luthersammlung in Wittenberg.

Vorsitzender:	Schriftführer:	Schatzmeister:
J. Köstlin,	E. Jacobs,	Max Niemeyer,
Konf.-Rat Prof. D.	Archiv-Rat Dr.	Verlagsbuchhändler.
Halle a. S.	Wernigerode.	Halle a. S.

Redaktionskomitee für die größeren Veröffentlichungen:

Geschäftsführer:

G. Kawerau,
Prof. D.
Kiel.

A. v. Kluckhohn,	Th. Kolde,	O. Rasemann,	Th. Schott,
Prof Dr.	Prof. D.	Professor D.	Bibliothek. Professor Dr.
Göttingen.	Erlangen.	Halle a. S.	Stuttgart.

Redaktionskomitee für die kleinen volkstümlichen Schriften:

O. Rasemann,	Rietschel,	Th. Schott,
Professor D.	Professor D.	Bibliothek. Prof. Dr.
Halle a. S.	Leipzig.	Stuttgart.

Weitere Vorstandsmitglieder:

H. Baumgarten,	Baur,	Behrmann,
Prof. D.	General-Superint. D.	Hauptpastor z. St. Michaelis.
Straßburg i. E.	Coblenz.	Hamburg.
K. Benrath,	Erdmann,	Freih. R. v. Liliencron
Prof. D.	General-Superint. D.	Stiftspropst D.
Königsberg i. Pr.	Breslau.	Schleswig.
B. Riggenbach,	Sell,	G. Uhlhorn,
Pfarrer Lic. theol. Dr.	Professor D.	Abt u. Ober-Konf.-Rat D.
Basel.	Bonn.	Hannover.

Verzeichnis der noch vorhandenen Vereinsschriften.

1. Kolbe, Th., Luther und der Reichstag zu Worms 1521.
2. Koldewey, Friedr., Heinz von Wolfenbüttel. Ein Zeitbild aus dem Jahrhundert der Reformation.
3. Stähelin, Rudolf, Huldreich Zwingli und sein Reformationswerk. Zum vierhundertjährigen Geburtstage Zwinglis dargestellt.
4. Luther, Martin, An den christlichen Adel deutscher Nation von des christlichen Standes Besserung. Bearbeitet sowie mit Einleitung und Erläuterungen versehen von K. Benrath.
5.6. Bossert, Gust., Württemberg und Janssen. 2 Teile.
7. Walther, W., Luther im neuesten römischen Gericht. I.
12. Zken, J. F., Heinrich von Zülphen.
13. Walther, W., Luther im neuesten römischen Gericht. II.
19. Erdmann, D., Luther und seine Beziehungen zu Schlesien, insbesondere zu Breslau.
20. Vogt, W., Die Vorgeschichte des Bauernkrieges.
21. Roth, F. W. Pirkheimer. Ein Lebensbild aus dem Zeitalter des Humanismus und der Reformation.
22. Hering, H., Doktor Pomeranus, Johannes Bugenhagen. Ein Lebensbild aus der Zeit der Reformation.
23. von Schubert, H., Roms Kampf um die Weltherrschaft. Eine kirchengeschichtliche Studie.
24. Ziegler, H., Die Gegenreformation in Schlesien.
25. Wrede, Ad., Ernst der Bekenner, Herzog von Braunschweig und Lüneburg.
26. Kawerau, Waldemar, Hans Sachs und die Reformation.
27. Baumgarten, Hermann, Karl V. und die deutsche Reformation.
28. Lechler, D. Gotth. Viktor, Johannes Hus. Ein Lebensbild aus der Vorgeschichte der Reformation.
29. Gurlitt, Cornelius, Kunst und Künstler am Vorabend der Reformation. Ein Bild aus dem Erzgebirge.
30. Kawerau, Waldemar, Thomas Murner und die Kirche des Mittelalters.
31. Walther, Wilh., Luthers Beruf. (Luther im neuesten römischen Gericht, 3. Heft.)
32. Kawerau, Waldemar, Thomas Murner und die deutsche Reformation.
33. Tschackert, Paul, Paul Speratus von Rötlen, evangelischer Bischof von Pomesanien in Marienwerder.
34. Konrad, P., Dr. Ambrosius Moibanus. Ein Beitrag zur Geschichte der Kirche und Schule Schlesiens im Reformationszeitalter.
35. Walther, Wilh., Luthers Glaubensgewißheit.

Verzeichnis der Schriften für das deutsche Volk.

1. Georg Rietschel, Luther und sein' Haus.
2. Heinrich Rinn, Die Entstehung der Augsburgischen Konfession.
3. Gottlieb Linder, Die Reformationsgeschichte einer Dorfgemeinde.
4. Adolf Henschel, Valerius Herberger.
5. Otto Rasemann, Friedrich der Weise, Kurfürst von Sachsen.
6. P. Gennrich, Das Evangelium in Deutschösterreich und die Gegenreformation (1576—1630).
7. Julius Schall, Ulrich von Hutten. Ein Lebensbild aus der Zeit der Reformation.
8. Fritz Baumgarten, Wie Wertheim evangelisch wurde.
9. H. Meinhof, Dr. Pommer Bugenhagen und sein Wirken. Dem deutschen Volke dargestellt.
10. Adolf Henschel, Johannes Laski, der Reformator der Polen.
11. Franz Blankmeister, Dresdner Reformationsbüchlein.
12. Georg Rietschel, Luthers seliger Heimgang.
13. Julius Ney, Die Protestation der evangelischen Stände auf dem Reichstage zu Speier 1529.
14. A. Kurs, Elisabeth, Herzogin von Braunschweig-Calenberg, geborene Prinzessin von Brandenburg.
15.16. Julius Köstlin, Die Glaubensartikel der Augsburger Confession erläutert.